EFESIOS
Tomando toda la armadura de Dios
para poder resistir y estar firmes

EFESIOS

Tomando toda la armadura de Dios para poder resistir y estar firmes

The Aguillon Family Foundation

PALABRA PURA
palabra-pura.com

EFESIOS: Tomando toda la armadura de Dios para poder resistir y estar firmes

Copyright © 2020 The Aguillon Family Foundation
Todos los derechos reservados.
Derechos internacionales reservados.
ISBN: 978-1-951372-13-2

El texto Bíblico ha sido tomado de la versión Reina-Valera © 1960 Sociedades Bíblicas en América Latina © renovado 1988 Sociedades Bíblicas Unidas. Utilizado con permiso.

A reserva de algunas citas breves en libros, artículos y críticas literarias (mencionando la fuente), ninguna parte de este comentario puede ser reproducida en ninguna forma por medios mecánicos o electrónicos, incluyendo almacenaje de información y sistemas de reproducción sin permiso previo emitido por los poseedores de los derechos legales.

Director:	Dr. Teófilo J. Aguillón
Escritores:	Fabián López Hernández
	Luis Fernando Caballero Castillo
	Zabdy Eliel Martínez Velásquez
	Dora Iliana Regalado de Ramírez
	Joel Aguirre Grajales
Editores:	Pbra. Elizabeth Ramírez Rosales
	Pbro. Luis Fdo. Caballero Castillo
	Revs. Joel, David y Rubén Aguillón
Exámenes:	Eliud A. Montoya
Diseño:	Iuliana Sagaidak Montoya
Editorial:	Palabra Pura, www.palabra-pura.com
Modelo:	JCBModel, deviantart.com

CATEGORÍA: Religión / Comentario bíblico / Nuevo Testamento / Cartas de Pablo

IMPRESO EN ESTADOS UNIDOS DE AMERICA
PRINTED IN THE UNITED STATES OF AMERICA

CONTENIDO

Introducción	9	
El llamamiento celestial	15	1:1-23
Preguntas	26	
De muerte a vida	29	2:1-10
Reconciliación por medio de la cruz	35	2:11-22
Preguntas	41	
Ministerio de Pablo a los gentiles	45	3:1-13
El amor que excede a todo conocimiento	53	3:14-21
Preguntas	56	
La unidad del Espíritu	59	4:1-16
La vida nueva en Cristo	69	4:17-32
Preguntas	76	
Andad como hijos de luz	81	5:1-20
La mutua sumisión	89	5:21-33
Preguntas	94	
Continuación... sobre la mutua sumisión	97	6:1-9
La armadura de Dios	103	6:10-20
Salutaciones finales	109	6:21-24
Preguntas	111	

INTRODUCCIÓN

La Epístola a los Efesios es una gran exposición teológica con una doctrina fundamental para enseñar a la iglesia. La Epístola se puede dividir en dos partes principales y esenciales. La primera parte, del capítulo 1:3 al 3:21 muestra la unidad de todo el universo en Cristo, a fin de entender el misterio de la voluntad de Dios sobre la iglesia. Los judíos tenían que entender que el plan de redención también era para el pueblo gentil y que, por la sangre de Cristo, habían sido aceptos delante de Dios tal y como ellos.

En la segunda parte, del capítulo 4:1 al 6:20, se muestra la vida práctica cristiana, que incluye a un sector muy importante: los esposos, los padres e hijos y la relación patrones-sirvientes. Una vez alcanzada la salvación por medio de Jesucristo, la vida del creyente debe observar una conducta correcta de acuerdo a la Palabra y ser ejemplo delante de los demás, a fin de que el nombre del Señor sea glorificado en la Iglesia y fuera de ella. Hoy en día, la Epístola sigue siendo muy útil para todo creyente que quiera reflexionar sobre las bendiciones alcanzadas por el Señor Jesús, y la dotación de habilidades ofrecida con los cinco ministerios.

Contenido

La Epístola a los Efesios cuenta con 6 capítulos y 155 versículos, que muestran un llamamiento celestial para la iglesia y marcan una conducta correcta en la tierra por parte de la iglesia.

Versículos clave

Efesios 2:8-10 *"Porque por gracia sois salvos por medio de la fe; y esto no de vosotros, pues es don de Dios; no por obras, para que nadie se gloríe. Porque somos hechura suya, creados en Cristo Jesús para buenas obras, las cuales Dios preparó de antemano para que anduviésemos en ellas".*

Ubicación histórica y geográfica

Éfeso desde el año 133 a.C., con una población cercana al medio millón de personas, era la capital de la provincia romana de Asia y residencia oficial del gobernador. Estaba situada en un lugar privilegiado de la costa del Mediterráneo, con un puerto de mucho tráfico y una importante vía de comunicación con el interior de Asia Menor. Era notable el culto a la diosa Diana, en cuyo honor se había erigido en Éfeso un templo al que acudían en peregrinación devotos de toda Asia y del mundo entero (Hch.19:23-41).[1]

Antecedentes de predicadores en la ciudad

El apóstol Pablo visitó por primera vez la región de Éfeso en su segundo viaje misionero; después de haber estado en Corinto llegó a Éfeso con Aquila y Priscila, un dedicado matrimonio que le respaldó ampliamente, y fue parte de su equipo, a quienes decidió dejar allí (Hch 18:18-19). Estando en la ciudad no dejaba de aprovechar cualquier momento para hablar del evangelio de Jesucristo, así que, entrando en la sinagoga de los judíos, les mostraba por medio de las Escrituras que Jesús era el Cristo (Hch 18:19). Una vez terminada su labor, se dispuso a zarpar de Éfeso para regresar a Jerusalén, dejando la promesa que volvería si Dios así lo quería (Hch 18:21).

Antes de la segunda visita del apóstol Pablo a la ciudad de Éfeso, un varón judío de Alejandría, elocuente, poderoso en las Escrituras llamado Apolos, llegó para enseñar lo concerniente al Señor Jesús y con un espíritu fervoroso hablaba con denuedo en la sinagoga. Oyéndole Priscila y Aquila, lo tomaron aparte para enseñarle de una manera exacta y correcta lo concerniente al camino de Dios, pues *"solamente conocía el bautismo de Juan"*. Se infiere que hicieron lo mismo que Pablo, cuando trató con "ciertos discípulos" que estaban en la misma situación de Apolos (Hch 19:4), quien les condujo al correcto entendimiento de que debían ser bautizados en el nombre del Señor Jesucristo. (Como se amplía en el párrafo siguiente). De tal experiencia en la ciudad, transformado por la enseñanza de esta diligente pareja, Apolos comenzó a ser mencionado en medio de las iglesias como un predicador ganador de almas (1 Co1:12).

El apóstol Pablo en su tercer viaje misionero, volvió a Éfeso y encontró doce discípulos, a los cuales confrontó sobre el tema de que, si habían recibido el Espíritu Santo cuando creyeron. Respondiendo ellos, dijeron que conocían el bautismo de Juan, que era el de arrepentimiento; por tanto, el apóstol Pablo, les complementó su conocimiento y habiendo hablado de Jesucristo y poniendo manos sobre ellos, se derramó el Espíritu Santo, con la señal inicial de hablar en otras lenguas (Hch 19:1-7). Pablo continuó enseñando allí por tres meses en la sinagoga (Hch 19:8). Y luego en la escuela de Tiranno por un lapso de dos años (Hch 19:9-10).

Extraordinarios milagros, hizo Dios por mano de Pablo (Hch 19:11-20), que han sido de inspiración para muchos ministerios a través de los siglos y que también, hay que decirlo, han provocado controversias. La reacción de esos días llevó a que los seguidores de la diosa Diana de los efesios (Hch 19:23-21), organizaran una fuerte protesta, pues estaban siendo afectados en su negocio de fabricar *"templecillos de Diana"*. Después del alboroto, el apóstol Pablo salió con rumbo a Macedonia (Hch 20:1).

Autor, destinatarios y autor
Desde Roma, Pablo, con su firma tradicional de apóstol de Jesucristo, alrededor de los años 60 – 62 d.C., se dirige a los creyentes de la Iglesia que se encontraba en la ciudad de Éfeso (Ef 1:1-2). La situación del apóstol Pablo era trágica, ya que su vida estaba privada de la libertad por estar encarcelado en Roma. Aun así, esto no detenía su labor de amor para enseñar las verdades del evangelio de Jesucristo. En esta ocasión a través de esta magistral carta, enviada por mano de un fiel ministro y amado hermano llamado Tíquico (Ef 6:21, 2 Tim 4:12), quien fue de gran ayuda, llevando también una carta a la iglesia que se encontraba en Colosas (Col 4:7).

Éfeso era una ciudad llena de idolatría, donde las creencias sobre el gnosticismo, misticismo, se mezclaban con los exorcistas ambulantes y que atacaban la fe de los nuevos creyentes, tratando de confundirles. Aunado a esto, el imperio romano estaba poniendo presión a la iglesia con no dejarlos profesar la fe en Cristo tranquilamente, dando lugar a las mentiras de los opositores del evangelio. Sin embargo, el apóstol exhortó a no dejar vencerse, escribiendo esta joya para la iglesia universal, bajo la dirección del Espíritu Santo.

Motivos para escribir la carta a los Efesios
Por su modo de terminar la carta, se nota al apóstol Pablo preocupado por los ataques que ha recibido la iglesia. Él mismo sufrió

agravios, (Hechos cap. 19) como les constaba. Hizo saber a los hermanos que habitaban en Éfeso, que aun con su encarcelamiento, el apóstol trataría de informarles de todo asunto a través de Tíquico y darles ánimo para que siguieran con amor inalterable a Jesucristo (Efesios 6:21-24).

Temas fundamentales

El Apóstol empieza con resaltar que somos una Iglesia gloriosa, gracias a que el Dios y Padre de nuestro Señor Jesucristo nos escogió desde antes de la fundación del mundo para que fuésemos santos y sin mancha delante de Él (1:3-4) habiéndonos adoptado como hijos suyos por medio de Jesucristo para alabanza de su gloria (Ef 1:5-6). De igual forma, Pablo hace ver que en Cristo tenemos redención por su sangre, el perdón de los pecados, y que, gracias a eso, nos ha hecho sobreabundar en toda sabiduría e inteligencia para conocer el misterio de Su voluntad, así como para darnos herencia a través del evangelio que viene a ser sellado en nosotros por el Espíritu Santo de la promesa (1:7-14).

El apóstol Pablo también resalta la gracia salvífica que ha sido dada por Dios a través del Señor Jesucristo, quien nos ha rescatado de la muerte que merecíamos por los delitos y pecados cometidos (2:1-10). Judíos y gentiles podemos disfrutar de las bendiciones de Dios a través de la obra redentora de Jesucristo, por medio de la cruz del Calvario, quien derrumbó la pared intermedia, aboliendo en su carne las enemistades, la ley de los mandamientos y reconciliando a ambos pueblos con Dios (2:11-22).

Pablo toma tiempo para contar cómo le fue revelado el misterio de Cristo para compartir las buenas nuevas a los gentiles y hacerles ver que eran coherederos y miembros del mismo cuerpo, así como copartícipes de la promesa en Cristo Jesús por medio del evangelio. Literalmente: *"misterio que en otras generaciones no se dio a conocer a los hijos de los hombres, como ahora es revelado a los santos apóstoles y profetas por el Espíritu: que los gentiles son coherederos y miembros del mismo cuerpo, y copartícipes de la promesa en Cristo Jesús por medio del evangelio"* (3:5,6).

La epístola a los Efesios también contiene una fuente maravillosa de teología, ya que el apóstol habla respecto de la unidad del cuerpo de Cristo, compartiendo verdades relevantes que rigen la doctrina de la iglesia, tales como la unidad del Espíritu en el vínculo de la paz, un Señor, una fe, un bautismo, un Dios y Padre de todos, así como los dones y ministerios que nuestro Señor Jesucristo depositó en su Iglesia, para que pueda realizar su función con todo éxito. El conocimiento de estas verdades ayudaría a la Iglesia a poder contra atacar las mentiras que el enemigo levantara en contra del pueblo de Dios (4:1-32).

El Apóstol exhorta a los creyentes a comportarse como dignos discípulos de Cristo, andando en amor y apartados del mal, mostrando buen testimonio delante de los demás, sabiendo que dentro y fuera del núcleo familiar, tenían que honrar y exaltar el nombre de Cristo. (5:1- 6:9).

Por último, el apóstol Pablo, sacando partido al encarcelamiento y observancia del comportamiento de los soldados romanos que estaban custodiándole, usa como ejemplo la armadura de guerra, para explicar a la iglesia los elementos esenciales para apagar todos los dardos de fuego del maligno. Explicando que nuestra lucha no es contra las personas sino contra el maligno, y que sólo vistiéndonos de la armadura de Dios, es cómo podemos hacerle frente y vencerlo (6:10-20).

---

[1] YouVersion (Bible.com o Bible App) – Ubicación de Éfeso.

01
EFESIOS 1:1-23

1:1,2 Pablo, apóstol de Jesucristo por la voluntad de Dios, a los santos y fieles en Cristo Jesús que están en Éfeso: ²Gracia y paz a vosotros, de Dios nuestro Padre y del Señor Jesucristo.

EL LLAMAMIENTO CELESTIAL
EFESIOS 1:1-23

Ya des de la introducción de la epístola Pablo enfatiza que ha sido llamado al ministerio, como un **apóstol de Jesucristo**. ¡Qué seguridad del llamado! La convicción de su misión espiritual blindó su moral para los tiempos de crisis extrema. El sustantivo *apostolos* significa llanamente "uno que es enviado". Así que, el vocablo usado por Pablo es una credencial que le autorizaba para un ejercicio poderoso.

El autor procura aclarar desde el inicio que se dirige a ellos en calidad de alguien que fue autorizado por el cielo y que no hay ninguna ilegitimidad en el ejercicio de su ministerio. Se dirige a ellos con la plena conciencia de que ha sido comisionado para edificar la vida de la iglesia. No es usurpador ni un voluntario, antes bien, es alguien autorizado para llevar a cabo la tarea espiritual.

⇒ **Para meditar:** cuando un ministro goza de tal seguridad de su llamamiento no existen vicisitudes que lo detengan para servir al Señor. Muchos fracasan presos de la duda o el desánimo. Inclusive, algunos ministran arrastrando ciertas inseguridades. Los años pasan y siguen –al estilo de Gedeón— buscando señales del llamamiento divino. Es necesario que en los tiempos de batalla que se viven, todo servidor del Señor pueda expresar categóricamente: ¡soy un siervo del Señor! Pablo nos da cátedra de ello.

Es importante destacar también que, aunque el Apóstol sabe que en la iglesia efesia están presenten algunos creyentes que arrastran problemas morales, se dirige a ellos con dignidad espiritual, llamándoles: ***a los santos y fieles***. ¡Qué ética! ¡Qué amor por la obra de Dios! Algunos tienen la habilidad de sacar lo peor de las personas; otros, lo mejor. Quien sirve a la causa cristiana deben desarrollar el temple espiritual y ético para tratar los asuntos más difíciles.

> *1:3-10 Bendito sea el Dios y Padre de nuestro Señor Jesucristo, que nos bendijo con toda bendición espiritual en los lugares celestiales en Cristo, ⁴según nos escogió en él antes de la fundación del mundo, para que fuésemos santos y sin mancha delante de él, ⁵ en amor habiéndonos predestinado para ser adoptados hijos suyos por medio de Jesucristo, según el puro afecto de su voluntad, ⁶para alabanza de la gloria de su gracia, con la cual nos hizo aceptos en el Amado, ⁷en quien tenemos redención por su sangre, el perdón de pecados según las riquezas de su gracia, ⁸que hizo sobreabundar para con nosotros en toda sabiduría e inteligencia,⁹dándonos a conocer el misterio de su voluntad, según su beneplácito, el cual se había propuesto en sí mismo, ¹⁰de reunir todas las cosas en Cristo, en la dispensación del cumplimiento de los tiempos, así las que están en los cielos, como las que están en la tierra.*

> 1-14 Aparecen todos los elementos y vocabulario de la salvación.

Bendito sea el Dios y Padre de nuestro Señor Jesucristo que nos bendijo con toda bendición espiritual. La exclamación de Pablo es producto de su conocimiento teológico. Se goza en que los creyentes, y él mismo, han sido beneficiados por el Padre con el plan redentor. Después del grito de victoria pasa a enumerar todas las bendiciones otorgadas por Dios mediante Cristo.

Pablo le da alto vuelo a la reflexión teológica en lo que respecta al llamamiento divino de los creyentes. Inspirado, describe todos los beneficios que ahora poseen los creyentes bajo el plan celestial. *"Nos bendijo con toda clase de bendición espiritual".*

Cualquier teólogo de la prosperidad vería aquí conveniencia material, progreso económico. Pero el apóstol no está refiriéndose a posesiones terrenales sino a las celestiales. La bendición –dice Pablo- es espiritual.

Las bendiciones están *"en los lugares celestiales en Cristo".* Pertenecen a una esfera distinta a la terrenal y pecaminosa; son de procedencia celestial y eterna. Es una promesa que no concuerda con la avaricia material de muchos, ni con el concepto de muchos creyentes respecto a comodidad cristiana. Insinúa el autor sagrado que cuando estamos bajo el señorío de Jesús, entramos en una atmósfera espiritual. Creer, entonces, que la prosperidad anunciada en el evangelio se evidencia por medio de los bienes temporales, es un error. Las bendiciones del evangelio son de naturaleza espiritual. Si bien es cierto que el progreso material o económico deben ser distintivos del discípulo de Jesús, no son en automático; algunas veces están ligadas a la fidelidad, a la buena administración y al contexto social.

Nota doctrinal: afirmar que el Padre *nos escogió en él* [Cristo] *antes de la fundación del mundo* es sublime. Revela que el evangelio no es un plan B ni una improvisación del Padre, sino un proyecto diseñado antes de todo lo creado. ¡Bendito Dios! Los expertos en el idioma explican que el vocablo *escogió "exeléxato"* proviene de *eklego* que significa "entresacar, seleccionar". El diccionario Vine agrega que también significa "elegir para sí", con la idea de "bondad, favor o amor". De ninguna manera sugiere el texto sagrado una elección arbitraria de Dios a favor de algunos individuos, como algunos interpretan; más bien, apoya la idea de que, en su omnisciencia, Dios sabía quiénes eran los suyos desde el principio, porque habían respondido a su llamado.

La expresión *"antes de la fundación del mundo"* aclara también, por inspiración divina, que a Dios no lo tomó por sorpresa la caída del hombre. Él sabía que la criatura fallaría y, sabedor de ello, preparó un plan para todos aquellos que le habían de aceptar en un futuro. El

Señor sabía que muchos perseverarían en el pecado y rebelión, pero que muchísimos aceptarían el llamado divino. Es la misma idea que presenta Pablo a los romanos cuando escribe que *a los que antes conoció, también los predestinó para que fuesen hechos conformes a la imagen de su Hijo... Y a los que predestinó, a éstos también llamó...* (Ro 8:29,30). Esa poderosa verdad debe ser un ancla para la fe en momentos de duda, ataques y debilidades humanas. Estamos dentro del plan de Dios.

En la expresión apostólica *"habiéndonos predestinado"*, refiriéndose a la posición gloriosa que gozan ahora los creyentes en el Señor, el término *proorísas* (de *pro,* anticipado; *orizo,* determinar) "determinar por anticipado", "elegir por adelantado", se refiere a aquello a lo que son predestinados los objetos con anticipación. Es decir, que el Señor sabiendo que muchos responderían a su llamado preparó un plan que desemboca en la eternidad. Todo el plan salvífico de Dios y las promesas eternas se originan en la respuesta de los creyentes al llamado divino, pues, *bienaventurados los que no vieron y creyeron* (Juan 20:29).

Los creyentes son *"adoptados hijos suyos por medio de Jesucristo"*. El término *juiothesian* (de *juios,* hijo, *thesis,* colocar) en este versículo se refiere a los que han sido ordenados de antemano a la *adopción de hijos* por medio de Jesucristo. En el caso de adopción se usa el término hijo, que involucra la dignidad de la relación de los creyentes como hijos. Denota que la posición de hijos da a los creyentes acceso pleno a las bendiciones eternas. Aclara el autor que es Cristo quien posiciona a los creyentes ante el Padre. No es por sí solos, sino debido a la obra expiatoria de Jesús que se es participante de tantas bendiciones espirituales.

Las cuatro ocasiones (4,5, 6,12) que se encuentra la preposición *para* (*eís*) en el capítulo 1, expresan finalidad. Indican que existe desde la eternidad un plan diseñado **para alabanza de la gloria de su gracia.** Se dice de aquellos por causa de los cuales, y por razón de los cuales, se debe dar alabanza a Dios, en razón de su *gloria*, es decir, de la exhibición de su carácter y sus obras. Los creyentes son, desde luego, un trofeo que recuerda la gracia divina a favor de los mortales. La iglesia redimida es una evidencia de la misericordia de Dios hacia el pecador. Cada ser humano redimido es un grito de alabanza al Redentor.

La declaración anterior no solo denota que la redención del ser humano es una razón poderosa para que los habitantes del cielo alaben al Creador y redentor, también provoca que los mortales glorifiquen al Señor cuando observan a quienes son rescatados del pecado.

El texto señala otro objetivo del Salvador: *"que fuésemos santos y sin mancha delante de él".* Desde el momento de recibirle, el hombre pasa de la condición caída a la comunión restaurada, para vivir así delante de Dios. Un pensamiento poderoso que se levanta en esta frase es el de la santificación. Asegura que la consagración del creyente no es un invento de la iglesia ni una exigencia legalista de cada denominación, más bien es una demanda del Señor.

Los que le sirven han de presentarse limpiamente delante de Él, pues *¿Quién subirá al monte de Jehová? ¿y quién estará en su lugar santo? El limpio de manos y puro de corazón; el que no ha elevado su alma a cosas vanas, ni jurado con engaño* (Salmo 24:3,4). Pablo también sabedor de esta verdad, expresa: *Amados, puesto que tenemos tales promesas; limpiémonos de toda contaminación de carne y de espíritu; perfeccionando la santidad en el temor de Dios* (2 Co 7:1). Por su parte, el autor de la epístola a los Hebreos, sentencia: *...Seguid la paz con todos y la santidad, sin la cual, nadie verá al Señor* (Heb 12:14).

º Continúa el autor sagrado la lista de bendiciones espirituales. A través de Jesús **tenemos redención por su sangre, el perdón de pecados, según las riquezas de su gracia.** El término *redención* (*apolutrósis*) significa "liberación mediante el pago de un rescate". La redención en este versículo se define como la liberación de la culpa y de la condenación. La salvación del creyente fue comprada a precio de la sangre del mismo Hijo de Dios, que fue derramada aquí en la tierra. Deja bien claro que la muerte de Jesús no fue un accidente, sino parte de un plan de rescate del ser humano. La obra expiatoria del Señor es suficiente para redimir al pecador.

- Por medio de la obra de Jesús se manifiesta toda la sabiduría de Dios, pues, por medio de ella nos dio **a conocer el misterio de su voluntad.** El término *musterion* en el Nuevo Testamento denota todo aquello que está más allá de la posibilidad de ser conocido por medios naturales. Sólo puede llegarse a saber por revelación divina en el tiempo indicado por el Señor. A través del evangelio, Dios dio a conocer su plan redentor con todas sus bendiciones **según el beneplácito, el cual se había propuesto en sí mismo.** Implica un propósito lleno de gracia. Nadie le obligó a revelarse, no fue movido por un compromiso con el ser humano, más bien, fue una iniciativa divina. Nació en su soberanía motivado por su voluntad. Nada nos debe Él, nosotros le debemos todo.

- El propósito divino es **reunir todas las cosas en Cristo,** es decir, que todo el proyecto salvífico y escatológico de Dios está dirigido por el Hijo. Apocalipsis precisamente ratifica esta verdad. El Hijo es el digno de tomar el libro y abrir sus sellos (Ap 6); el Cordero es quien ejecuta los juicios de Dios, quien regresará en gloria con sus ángeles y quien reinará sobre las naciones (Ap 19); Jesús es quien juzgará a los vivos y a los muertos (2 Ti 4:1), y quien al final de todo entregará el reino a Dios Padre (1 Co 15:22-24). Todo lo anterior, desde luego, **en la dispensación del cumplimiento de los tiempos,** o sea, en los tiempos que el Padre ya ha designado en su sola potestad. Es el programa del Padre. Pablo también anuncia proféticamente que los planes de Dios afectarán todas las cosas creadas, **así las que están en los cielos, como las que están en la tierra.**

○ **Y de reunir todas las cosas en Cristo,** esta sección de la carta tiene toda la sazón escatológica. Establece cuál es el objetivo central del Señor con todas las criaturas del universo. Sugiere que existe un plan diseñado desde la eternidad para toda la creación. El sustantivo dispensación (*oikonomía: de oikos=casa; nomos=ley*) significa primeramente el gobierno de una familia o administración de la propiedad de otros. Aparece en el sentido futuro. Implica que los planes del Señor se encaminan a un cumplimiento inevitable *"de reunir todas las cosas en Cristo",* pero a su tiempo. ¡Gloria a Dios por su soberanía y sabiduría! Todo esto debe estimular a cada creyente a perseverar con la vista centrada en la meta suprema.

1:11-14 En él así mismo tuvimos herencia, habiendo sido predestinados conforme al propósito del que hace todas las cosas según el designio de su voluntad, ¹²a fin de que seamos para alabanza d e su gloria, nosotros los que primeramente esperábamos en Cristo. ¹³ en él también vosotros, habiendo oído la palabra de verdad, el evangelio de vuestra salvación, y habiendo creído en él, fuiste sellados con el Espíritu de la promesa, ¹⁴que es las arras de nuestra herencia hasta la redención de la posesión adquirida, para alabanza de su gloria.

Cuando establece el apóstol que en Cristo **tuvimos herencia,** el término *eklérothemen* de *kleroo* significa *"fuimos hechos una herencia"* o *"se nos designa una herencia".* Todos los salvos constituyen la herencia de Cristo que le fue dada por el Padre. Le ha de quedar claro a los creyentes que no existe ningún merecimiento humano, que todo es por iniciativa divina. El Soberano ha decidido actuar y poner todo al alcance de sus hijos. Toda arrogancia humana desaparece ante la obra del Salvador, como más adelante se precisa que *por gracia sois salvos por medio de la fe* (Ef 2:8). Cuando un creyente o ministro se cree merecedor de las bendiciones divinas, ya está en camino de la soberbia y del fracaso. Lo que posee el creyente es por **designio de su voluntad.** Todo lo que somos y tenemos es para alabanza de su gloria.

Debe existir un llamado divino y una respuesta humana. Cuando el ser humano oye *la palabra de verdad*, es decir, el evangelio de Cristo, debe creer en Él. La salvación es gratuita pero no automática. La expresión **habiendo creído en él** sugiere responsabilidad humana. Todo está realizado a favor de los que han de creer, pero es necesario que se active la fe y la obediencia. Los efesios, habiendo oído y creído, fueron partícipes de las grandes bendiciones de Dios. Algunos quieren los beneficios de la eternidad, pero sin hacer esfuerzos ni tomar decisiones. Argumentan que Dios ya lo hizo todo por medio de Jesús. La obra de Cristo está al alcance de todos, pero hay que creer, para beneficiarse con ella.

"y habiendo creído en él, fuiste sellados con el Espíritu de la promesa, ¹⁴*que es las arras de nuestra herencia.* Después de haber oído y creído, los creyentes son sellados con el Espíritu de la promesa. El término **sellados** (*sfragísthete*) de *sfragizo*, "sellar", se usa retóricamente. Explica que cuando los creyentes depositaron su fe en Cristo, comenzaron a ser habitación del Espíritu. *Cuando creísteis fuisteis marcados con el sello* (NVI). El sustantivo **arras** (*arrabon*) significa *prenda en dinero depositado por el comprador*, y que se perdía si la compra no se efectuaba.

El Diccionario Vine, explica que en *el NT*, **sellados** se usa sólo en aquello que Dios asegura a los creyentes [El Espíritu Santo]. *Se usa respecto al acto de sellar, para que lo sellado no fuera abierto, o en lugar de la firma, para dar validez a los documentos, o para garantizar la pureza de un artículo.*

De igual manera el Espíritu Santo pone en nuestras almas un sello con la impresión del Señor Jesús. Es la marca de autenticidad de la herencia de Dios. Lo anterior es glorioso, pues, sugiere que la presencia del Espíritu en el creyente es la evidencia de su pertenencia a Dios, pero también la anticipa que todas las promesas divinas serán plenamente cumplidas. Por lo tanto, el creyente debe mantener plena esperanza **hasta la redención de la posesión adquirida**. El término *redención* (*apolutrósis*) significa "liberación mediante el pago de un rescate".

> *1:15-23 Por esta causa también yo, habiendo oído de vuestra fe en el Señor Jesús, y de vuestro amor para con todos los santos, [16]no ceso de dar gracias por vosotros, haciendo memoria de vosotros en mis oraciones, [17]para que el Dios de nuestro Señor Jesucristo, el Padre de gloria, os dé espíritu de sabiduría y de revelación en el conocimiento de él, [18]Alumbrando los ojos de vuestro entendimiento, para que sepáis cual es la esperanza a la que él os ha llamado, y cuáles son las riquezas de la gloria de su herencia en los santos, [19]y cual la supereminente grandeza de su poder para con nosotros los que creemos, según la operación del poder de su fuerza,*
>
> *[20]la cual operó en Cristo, resucitándole de los muertos y sentándose a su diestra en los lugares celestiales, [21]sobre todo principado y autoridad, poder y señorío, y sobre todo nombre que se nombra, no sólo en este siglo, sino también en el venidero; [22]y sometió a todas las cosas bajo sus pies, y lo dio por cabeza sobre todas las cosas a la iglesia, [23]la cual, es su cuerpo, la plenitud de Aquel que todo lo llena en todo.*

Esta es una oración. Se considera una de las dos más poderosas oraciones apostólicas del NT; pues pide sabiduría y revelación en el conocimiento de Dios. La otra oración se encuentra en Efesios 3:14-21 y se enfoca en el conocimiento del amor, del poder y de la gloria de Dios (Biblia de Estudio Pentecostal pág.1,682).

La expresión **por esta causa**, refiere la verdad sobre el llamamiento divino, que ha resultado en la fe y el amor de los receptores **habiendo oído de vuestra fe en el Señor Jesús y de vuestro amor para con todos los santos.** Elogia Pablo a los efesios por haber demostrado una fe sincera en la doctrina de Cristo. Reconoce que manifestaron afecto de unos a los otros. Fue evidente, según el autor, que los creyentes evidenciaron una actitud sincera hacia la fe y hacia la iglesia.

⇒ **Para meditar:** es importante resaltar el tacto pastoral del apóstol para con sus receptores. Un buen pastor amonesta, pero también motiva. Muchos de los problemas eclesiásticos podrían ahorrarse si el líder también reconociera las virtudes de quienes están bajo su cuidado, y no tan solo los defectos y carencias.

La constante oración de Pablo por los creyentes de la provincia de Asia Menor tiene los siguientes propósitos:

- Por la plena comprensión de las verdades divinas: *os dé espíritu de sabiduría y de revelación.* Los creyentes deben crecer en conocimiento espiritual.
- Por el aumento de sus convicciones teológicas: *para que sepáis cual es la esperanza a la que él os ha llamado.*
- Para que conozcan las bendiciones eternas y la recompensa por su fidelidad: *cuáles son las riquezas de la gloria de su herencia en los santos.*

Para que estén bien arraigados en la doctrina de la obra expiatoria de Cristo y conozcan *la supereminente grandeza de su poder para con nosotros los que creemos, según la operación del poder de su fuerza,*

²⁰*la cual operó en Cristo, resucitándole de los muertos y sentándose a su diestra en los lugares celestiales,* una verdad maravillosa que se menciona también en Hechos 7:54; Colosenses 3:1 y Hebreos 1:3.

²¹*sobre todo principado y autoridad, poder y señorío, y sobre todo nombre que se nombra, no sólo en este siglo, sino también en el venidero.* No tiene ninguna duda del señorío universal de Jesús.

²²*y sometió a todas las cosas bajo sus pies, y lo dio por cabeza sobre todas las cosas a la iglesia,* ²³*la cual, es su cuerpo, la pleni-*

tud de Aquel que todo lo llena en todo". No hay duda para el escritor de la carta que Cristo tiene la autoridad sobre todo lo creado y es cabeza de la iglesia.

⇒ **Para meditar:** siempre será importante, que todo ministro y creyente tenga presente que Cristo es el dueño de la iglesia, para no asumir actitudes de orgullo y autosuficiencia.

PREGUNTAS DEDUCTIVAS

(cada maestro asignará las que convengan a su enseñanza)

1.- ¿Cuáles fueron las credenciales de Pablo, que le daban autoridad para escribir a los efesios?

2.- ¿Por qué Pablo se refiere a los efesios como santos y fieles aun cuando algunos de ellos pudieren tener problemas morales?

3.- Sabiendo que Dios nos ha bendecido con distintos tipos de bendiciones, ¿cuáles son las bendiciones a las que Pablo se refiere y por qué les da a éstas, carácter de preeminencia?

4.- Explique el concepto «*nos escogió en él antes de la fundación del mundo*».

5.- ¿Qué tiene que ver la expresión «*habiéndonos predestinado*» con el plan salvífico de Dios?

6.- Explique el término «adopción».

7.- Señale los objetivos de Dios al redimir al hombre mencionados en este capítulo.

8.- ¿Cuál es el significado de la palabra redención?

9.- ¿Es la salvación un compromiso que Dios tenía con el hombre? ¿Qué tiene que ver esto con su soberanía?

10.- ¿Por qué Dios quiso diseñar todo el plan de redención por iniciativa suya y qué tiene que ver esto con la gracia y con la arrogancia humana?

11.- ¿Qué significa la palabra «arras» en el versículo 14?

12.- ¿En qué consiste la oración de Pablo contenida en Efesios capítulo 1?

PREGUNTAS INDUCTIVAS

1.- ¿Por qué es importante que un siervo de Dios tenga seguridad de su llamamiento divino?

2.- ¿Por qué Pablo, en la mayoría de sus epístolas se refiere a sus destinatarios como «santos»?

3. ¿A qué se refiere Pablo con la expresión: «*En los lugares celestiales en Cristo*»?

4. ¿Cómo se debe conciliar la idea de la omnisciencia de Dios, con el libre albedrío humano cuando leemos la expresión, «*según nos escogió en él antes de la fundación del mundo*» (v.4) y «*habiéndonos predestinado*» (v.5)?

5.- ¿Qué tiene que ver la gloria de Dios con su plan salvífico para la humanidad?

6.- ¿Es la santificación el objetivo de Dios al salvar al hombre o es su consecuencia? ¿o ambos? ¿Por qué?

7.- ¿Por qué la obra expiatoria de Cristo es suficiente para salvar al pecador?

8.- ¿Qué implica el término «*reunir todas las cosas en Cristo*»?

9.- ¿Dónde termina la voluntad anticipada de Dios para la salvación y dónde comienza la responsabilidad humana?

10.- ¿Cuál es la importancia de cada uno de los elementos de la oración de Pablo contenida en Efesios capítulo 1? ¿Por qué, estos elementos son esenciales para la vida cristiana?

11.- ¿Cuáles son las implicaciones de que Cristo sea la cabeza de la iglesia? ¿Qué implica que la iglesia es su cuerpo?

TRABAJOS OPTATIVOS

1.- Haga un estudio más o menos exhaustivo de todas las bendiciones prometidas por Cristo a sus discípulos.

2.- Haga un análisis del tema de la santidad basado en el capítulo 1 de Efesios.

3.- Examinando algunos versículos claves a través de las Escrituras, haga una monografía del papel individual que juega cada una de las personas de la Divinidad en el plan de salvación del hombre.

4.- Escudriñe el Nuevo Testamento para encontrar todos los reclamos de Cristo como cabeza de la iglesia, enumere las áreas implicadas y aplique esto a la vida diaria de cada creyente.

02
EFESIOS 2:1-10

DE MUERTE A VIDA
EFESIOS 2:1-10

2:1-3 Y él os dio vida a vosotros, cuando estabais muertos en vuestros delitos y pecados, ²en los cuales anduvisteis en otro tiempo, siguiendo la corriente de este mundo, conforme al príncipe de la potestad del aire, el espíritu que ahora opera en los hijos de desobediencia, 3entre los cuales también todos nosotros vivimos en otro tiempo en los deseos de nuestra carne, haciendo la voluntad de la carne y de los pensamientos, y éramos por naturaleza hijos de ira, lo mismo que los demás.

En esta primera sección del capítulo 2 el apóstol explica la condición de los creyentes efesios antes de la conversión. La situación espiritual de sus destinatarios, (y de todos los no creyentes), antes de ser alcanzados por la gracia divina, es pésima. Antes de ser vivificados por el Señor, les recuerda: **estabais muertos en vuestros delitos y pecados**. El adjetivo "muertos" (*nekrós*), según el *Diccionario Expositivo de palabras del Antiguo y Nuevo Testamento* de Vine, se usa metafóricamente para ilustrar la condición espiritual de los incrédulos.

El cuerpo muerto no tiene la capacidad para responder a ningún estímulo, tampoco es capaz de hablar, pensar, sentir y escuchar; está imposibilitado. Paralelamente, la incredulidad incapacita a los seres humanos para actuar y vivir en fe, también para discernir la voluntad divina y concentrarse en los asuntos de la eternidad, pues *"los que son de la carne piensan en las cosas de la carne; pero los que son del Espíritu, en las cosas del Espíritu"* (Ro 8:5,6). La forma verbal **anduvisteis** (*periepathésate*, "caminar en *círculos"*) sugiere un estilo de vida redundante, una conducta rendida al pecado.

Las Escrituras sentencian que el irredento no posee la capacidad espiritual de someterse a la voluntad celestial, *"porque los designios de la carne son enemistad contra Dios"*. El pecado bloquea la comunión de Dios con el hombre. El esclavo del pecado no puede acceder a una comunión íntima y real con el Padre de las luces, pues su voluntad y pensamientos están secuestrados por el maligno, quien lo ha cegado espiritualmente (2Co 4:4). Solo aquellos que han creído y aceptado el sacrificio de Jesús pueden saber a cabalidad lo que significa ser redimido. ¡Gloria a Dios!

Además, es indispensable observar las expresiones apostólicas; se refieren a una acción pasada con efectos presentes. Y aunque los destinatarios ya no se encontraban en la misma deplorable condición, no obstante, son exhortados a no manifestar nunca una conducta indigna. Es un recordatorio de cómo el Todo Poderoso debe ser glorificado con las acciones presentes.

⇒ **Para meditar:** el mundo desafía a los seguidores del Señor. Este sistema presiona a los que mantienen una postura consagrada, es decir, a quienes no le siguen la corriente; pero el creyente ha de estar dispuesto a enfrentar hostilidades de parte de los hijos de la época. Nadie dijo -incluyendo al Maestro- que seguir el evangelio sería fácil. Él advirtió a sus discípulos: *"Y el que no lleva su cruz y viene en pos de mí, no puede ser mi discípulo"* (Lc 14:17). Jesús jamás ilusionó a nadie, por el contrario, aclaró a todos el costo de servirle.

Seguir la **corriente de este mundo** garantiza comodidades; rechazar sus ofertas atrae rechazo y estigma. La Escritura recalca que todo lo que pertenece a la esfera mundana: *"los deseos de carne, los deseos de los ojos y la vanagloria de la vida"*, es contrario al Padre. Este siglo es seductor y efímero. Es mejor seguir la corriente del cielo para permanecer eternamente (1 Jn 2:15-17).

⇒ **Para meditar:** en su Carta a los Romanos, Pablo advierte también a los creyentes a no conformarse a este siglo (Ro 12:2). Por convicción, el creyente ha de rechazar rotundamente todo aquello que se contrapone al deseo divino. Un buen seguidor de Dios siempre se opondrá al pecado. La música, el cine, la moda y las filosofías humanistas, están en franca oposición a Dios. Existe una tendencia generalizada a ridiculizar a los valores cristianos por considerarlos obsoletos e intolerantes; no obstante, el discípulo genuino debe protestar contra todo aquello que viola los principios de la palabra de Dios, aunque sea una voz que clame en el desierto.

La rebelión de los seres humanos contra Dios se debe a que viven *conforme al príncipe de la potestad del aire, el espíritu que ahora opera en los hijos de desobediencia*. Esta declaración paulina revela una verdad que duele a los incrédulos. Después de todo, la Palabra es la palabra. Es indispensable escudriñar el término.

La contrariedad manifestada hacia Dios era evidencia que eran *hijos de ira, lo mismo que los demás*. El hebraísmo "hijos de ira" sugiere que los que no son de Cristo están bajo maldición y juicio. Debido a su maldad interior y exterior, los hombres causan el descontento de Dios. El Señor está airado con el pecador a causa de que éste se empeña en obstaculizar la verdad divina con su rebelde, idólatra y promiscua manera de vivir (Ro 1:18-32). Cuando un ser humano estorba la verdad divina, se opone con sus acciones, o la persigue con sus hechos.

<u>**Nota doctrinal:**</u> existe —dice Pablo— un ente espiritual que *opera* en los desobedientes a Dios. El verbo *energeia*, significa literalmente "trabajar en", "actuar en", denota la actividad satánica en el interior de los que pertenecen a su imperio, el diablo controla a quienes están bajo su señorío. Quien no vive bajo el dominio o influencia divina, está bajo el control de Satanás. Por lo tanto, no hay término medio: o el Espíritu Santo gobierna a un individuo o lo gobiernan entes demoniacos. Al final, los no redimidos son socios del maligno.

2:4-7 Pero Dios, que es rico en misericordia, por su gran amor con que nos amó, ⁵aun estado nosotros muertos en pecados, nos dio vida juntamente con Cristo (por gracia sois salvos), ⁶y juntamente con él nos resucitó, y asimismo nos hizo sentar en los lugares celestiales con Cristo Jesús, ⁷para mostrar en los siglos venideros las abundantes riquezas de su gracia en su bondad para con nosotros en Cristo Jesús,

"*Y él os dio vida*" es la proclamación certera de Pablo en la sección anterior recordándoles de donde han sido rescatados. La cláusula, **pero Dios que es rico en misericordia** se propone hacer un contraste entre la situación pasada y presente de los creyentes. El perdón inmerecido se disfruta espiritualmente, y la redención es una obra divina que el creyente jamás debe olvidar. No se le permite al ser humano ser ostentoso, todo es por gracia.

Ese **gran amor** de Dios a favor de los irredentos fue demostrado enviando a su Hijo. No es un sentimiento humano sino una acción de bondad divina a favor de toda la humanidad. Tal acto de afecto es único e insuperable. No tenía el Padre celestial por qué ceder lo más valioso que tenía, para rescatar a criaturas corrompidas por el pecado, sin embargo, no lo escatimó (Ro 8:32).

"*y juntamente con él nos resucitó, y asimismo nos hizo sentar en los lugares celestiales con Cristo Jesús*", la resurrección de Cristo de la tumba es también nuestra resurrección, lo cual significa que nos dio novedad de vida. Todo por la obra de la cruz. **En los lugares celestiales,** literalmente "en el cielo", la esfera bajo el dominio completo de Dios, desde donde proceden todas sus bendiciones, las presentes y las eternas.

Sentarse con Cristo es ser copartícipe de las promesas del Padre celestial. Pero, estar sentado con Cristo implica también una participación total de sus padecimientos, así como de sus victorias. Para "sentarse con Él", es estar dispuesto a sufrir por su causa. Pablo le anticipa a Timoteo que debemos estar en todas las circunstancias, sean positivas o negativas, con Jesús hasta el final (2 Ti 2:11-13).

> *2:8-10 Porque por gracia sois salvos por medio de la fe; y esto no de vosotros, pues es don de Dios; ⁹no por obras, para que nadie se gloríe. ¹⁰Porque somos hechura suya, creados en Cristo Jesús para buenas obras, las cuales Dios preparó de antemano para que anduviésemos en ellas.*

Esta porción es una de las más claras definiendo los componentes de la salvación.

La salvación es producto del favor divino hacia la persona que le ama. Esta acción celestial no deja lugar para la jactancia, la indiferencia o el legalismo. La posición de salvos con derecho a las promesas divinas, ha de ser la motivación constante a servirle con un corazón agradecido. Comprender la gracia se convierte en el acceso a las bendiciones celestiales. El redimido no debe ser indiferente a la adoración, la entrega o el servicio; ha de rendirlo todo correspondiendo a la bondad de Dios.

Nota doctrinal: el énfasis constante del escritor sobre la condición pasada de los creyentes, y la nueva vida, es para enarbolar la gracia del Señor. Le interesa defender la doctrina de la justificación, por la fe sola. La condición espiritual era humanamente irremediable al estar **muertos en pecados**, pero la vivificación fue iniciativa del Señor: **por gracia sois salvos**. El texto sagrado sentencia categóricamente que ningún mérito es suficiente para la salvación porque **esto no de vosotros, pues es don de Dios**. Nadie debe jactarse por su bendición actual, pues, la salvación es obra de la soberanía de Dios. Nadie debe atreverse a insinuar siquiera que se merece la salvación.

La conciencia del creyente ha de estar vacunada con la gracia. Que a nadie se le ocurra pensar que merece un lugar especial por su servicio y capacidades. Todo es por gracia: la justificación, el llamado, los dones, el liderazgo y ministerios, las bendiciones...

Existe una razón poderosa de la obra redentora de Jesús a favor de los hombres: **Para mostrar en los siglos venideros las** *abundantes riquezas de su gracia en su bondad para con nosotros en Cristo Jesús*. Después que el Señor haya ejecutado su programa escatológico, habrá millares de millares de seres celestiales que serán la evidencia de su gracia a través de los tiempos. Los seres celestiales, tanto ángeles como redimidos glorificados, reconocerán que Su gracia fue infinita. Apocalipsis capítulo 7 muestra una visión de ese gran día, el propósito redentor del Señor tiene alcances eternos. Él no ha improvisado, todo está trazado desde la eternidad. Recordar que desde el capítulo 1 de Efesios se establece esta verdad: los redimidos son "*para alabanza de su gloria*" (6,12,14).

> **Nota doctrinal:** el de Tarso, establece también, con remache teológico, que la iglesia o redimidos no son producto de la casualidad; existe un propósito y plan celestial: *Porque somos hechura suya, creación en Cristo Jesús para buenas obras, las cuales preparó de antemano para que anduviésemos en ellas*. Las obras no garantizan nuestra salvación, pero son evidencia de una entendida fe. El concepto de la predestinación bíblica saludable corre por las venas de esta epístola. Desde luego que, no a la manera del sistema calvinista que, dicho sea de paso, insulta la naturaleza divina. Cuando el apóstol emplea el verbo "*predestinó*" sugiere que Dios en su omnisciencia sabía que muchos creerían y en base a ello preparó un plan celestial. El Sabio *preparó de antemano* obras para que caminaramos en ellas.

Indica la expresión anterior que todo: los componentes de la vida espiritual, la salvación, el proyecto escatológico, la derrota definitiva del mal, fue diseñado por Él. Basta recordar que en Génesis se anuncia un plan eterno que tiene su conclusión en el Apocalipsis. Ese plan preparado por el Altísimo no es más que la demostración que tiene el control y cuidado de sus redimidos. Es por ello, que el creyente ya está sentado en los lugares celestiales con Cristo.

EFESIOS 2:11-22

2:11-12 Por tanto, acordaos de que otro tiempo vosotros, los gentiles en cuanto a la carne, erais llamados incircuncisión por la llamada circuncisión hecha con mano en la carne. ¹²En aquel tiempo estabais sin Cristo, alejados de la ciudadanía de Israel y ajenos a los pactos de la promesa, sin esperanza y sin Dios en el mundo.

RECONCILIACIÓN POR MEDIO DE LA CRUZ

EFESIOS 2:11-22

Antes de ser alcanzados por la gracia de Dios los gentiles estaban alienados de la ciudadanía divina. En primer lugar, no existía vínculo con el Mesías salvador del mundo porque estaban **sin Cristo**. Los efesios, como todos los gentiles, desde la perspectiva judía, no tenían un lugar en el plan divino. Según ellos, el Mesías sería sólo un bien para el judío, un redentor de la condición política y espiritual israelita. Pero ahora, debían entender que el Mesías Cristo Jesús, incluyó a los que no eran judíos de nacimiento, y a ellos también, cuando lo aceptaran, por lo tanto, ahora se convirtieron en parte del plan redentor.

A los que no compartían origen racial con ellos, los hacían sentir **alejados de la ciudadanía de Israel,** por tanto, destituidos de los privilegios religiosos y espirituales que Dios otorgó a los judíos, como descendientes de Abraham. Por esta razón, les costó mucho aceptar que aquellos no incluidos en las promesas, de un momento a otro fueran considerados como pueblo de Dios. Recuérdese que Pablo escribiendo a los romanos, enfatiza que de ellos eran los pactos, la ley, las promesas, los patriarcas y muchos beneficios más.

Nota doctrinal: el apóstol Juan reafirma la verdad teológica anterior cuando declara: *"A lo suyo vino, y los suyos no le recibieron. Mas a todos los que le recibieron, a los que creen en su nombre, les dio potestad de ser hechos hijos de Dios"* (Jn 1:12). ¡Qué bendición para toda la raza humana! Cristo abrió el camino para la reconciliación espiritual y, también racial de los pueblos.

Se debe recordar que para los seguidores de Moisés la doctrina de la gracia fue una piedra de tropiezo. No se puede ignorar que, a los judaizantes, les causaba repulsa la enseñanza de la justificación por la fe. Debido a las diferencias de conceptos sobre la salvación eran una espina en el calzado del Apóstol. Fue a aquellos a quienes se dirigió diciendo: *"Guardaos de los perros, guardaos de los malos obreros, guardaos de los mutiladores del cuerpo"* (Fil 3:2).

Los gentiles eran también **ajenos a los pactos de la promesa**. Todos los pactos de los cuales el Mesías era el centro, fueron hechos con Israel. Y ahora, claramente Pablo los establece, también para los gentiles seguidores de Cristo.

Las promesas de ser un pueblo especial, un tesoro y gente santa, según los judíos, correspondían solamente a ellos por ser descendientes de los patriarcas. Así, como los planes de paz, justicia, prosperidad y victoria total en el futuro, pensaban que sólo eran para ellos. Romper estos prejuicios no fue tan fácil ni para Jesús ni para los apóstoles.

Nota doctrinal: la parábola del hijo pródigo de Lucas 15, contada por Jesús, tuvo este objetivo hermenéutico: aclarar que el Padre es un Dios de misericordia dispuesto a recibir al hijo derrochador (pródigo), mientras que el hijo mayor (los judíos) se sentía inconforme y celoso por tal muestra de la gracia divina. La retórica del Maestro es una indirecta para la mente judía que se consideraba superior a los demás pueblos, y esto tiene cierta verdad, pero su superioridad es producto de la elección divina, no de sus méritos nacionales.

A Pedro le costó trabajo aceptar la orden de matar y comer en la visión que tuvo, y que se narra en Hechos 10; argumentaba no haber comido jamás nada inmundo. Y cuando llegó a casa de Cornelio todavía no entendía la gracia que se extendía, pues expresa de forma grosera e hiriente: *"vosotros sabéis cuan abominable es para un judío juntarse o acercarse a un extranjero..."* (Hch 10:28), pero al atestiguar la benevolencia de Dios sobre gentiles declaró: *"En verdad comprendo que Dios no hace acepción de personas..."* (Hch 10:34). Años después, ya pulido por la gracia, sostiene categóricamente que los gentiles redimidos también son *"linaje escogido, real sacerdocio y nación santa, pueblo adquirido por Dios..."*; además, recuerda que ellos antes no eran pueblo *"ni habían alcanzado misericordia"*, pero que ahora gozan de la sublime gracia divina (1 P 2:9,10).

Finalmente, los no judíos, dice Pablo, estaban perdidos **sin esperanza y sin Dios en el mundo**. Humanamente hablando, su condición pecaminosa y alienada era irremediable. Todo estaba en contra del pecador. En la epístola a los Colosenses que fue escrita en el mismo lugar (en la prisión) y que, además, es paralela a la de Efesios, Pablo establece que Cristo es la seguridad de nuestra fe. Describe los beneficios que tiene el creyente por la obra de Cristo. Publica que Jesús otorgó la victoria cuando en la cruz anuló *"el acta de los decretos que había contra nosotros, que nos era contraria, quitándola de en medio y clavándola en la cruz* (Col. 2:14). El sustantivo (*queirografon*) traducido *"acta",* según Vine, era un documento escrito a mano que mencionaba una deuda.

En la declaración anterior de Pablo se refiere a la letra de la ley. Afirma que todo ser humano estaba bajo la condenación de la ley: judíos y gentiles; no porque ésta fuera mala e injusta, sino porque mostraba el pecado del hombre; además, nadie podía cumplirla a cabalidad. Era una deuda tan grande que era imposible liquidarla o satisfacerla a pesar de muchos esfuerzos humanos. Ahora a través de la fe en el Hijo de Dios podemos acercarnos *"confiadamente al trono de la gracia".* Y todo, por la intercesión de nuestro Perfecto Sumo Sacerdote (Hebreos 4:14-16).

> *2:13-18 Pero ahora en Cristo Jesús, vosotros que en otro tiempo estabais lejos, habéis sido hechos cercanos por la sangre de Cristo. ¹⁴ Porque él es nuestra paz, que de ambos pueblos hizo uno, derribando la pared intermedia de separación,¹⁵aboliendo en su carne las enemistades, la ley de los mandamientos expresados en ordenanzas, para crear en sí mismo de los dos uno solo y nuevo hombre, haciendo la paz, ¹⁶ y mediante la cruz reconciliar con Dios a ambos en un solo cuerpo, matando en ella las enemistades.*
>
> *¹⁷Y vino y anunció las buenas nuevas de paz a vosotros que estabais lejos, y a los que estaban cerca; ¹⁸ porque por medio de él los unos y los otros tenemos entrada por un mismo Espíritu al Padre.*

Con certeza, el Apóstol expresa a los efesios que han **sido hechos cercanos por la sangre de Cristo,** es decir, participantes de los beneficios del pacto. En esta redacción magistral de Pablo desbarata todo prejuicio racial entre judíos y gentiles. Le da un golpe mortal al sentimiento de superioridad de los israelitas y una estocada final al complejo de inferioridad de los no judíos. En Cristo, dice el Apóstol, no hay nada por que enorgullecerse. La obra expiatoria del Señor fue suficiente para acercar a todo ser humano, no solo con Dios, sino también con sus semejantes.

Porque él es nuestra paz, que de ambos pueblos hizo uno, derribando la pared intermedia de separación. El participio griego *luosas,* de acuerdo con los expertos en el idioma se traduce "desligar, disolver, dividir, quebrantar, demoler". En este versículo se traduce "derribar", refiriéndose a la eliminación de la pared de separación que existía entre gentiles y judíos.

El templo, se sabe, tenía una división entre el atrio de los judíos y el atrio de los gentiles. Separaba a ambos atrios, una reja de tres codos en cuyas columnas había una inscripción prohibiendo que se cruzara por allí. Pablo la usa como una figura de separación entre gentiles y judíos. Fue únicamente por la obra expiatoria de Jesús que esas diferencias se esfumaron para dar paso a la unidad de la iglesia, por la fe. Todas las diferencias raciales, culturales, económicas, físicas, y otras más, quedaron borradas con la obra de Jesús, pues abolió en su carne las enemistades... *haciendo la paz y mediante la cruz, reconciliar con Dios ambos en un solo cuerpo, matando en ella las enemistades.*

⇒ **Para meditar:** Cristo mediante su muerte instituyó el Nuevo Pacto y quitó las barreras que existían entre judíos y gentiles. En este pacto están incluidos todos los mortales sin distinción alguna. Nadie puede ni debe ostentar origen o categorías, mucho menos sentirse por encima de los demás porque insultaría la obra de Cristo. El creyente ha de asumir una actitud de humildad y reconocimiento de su lugar dentro de la iglesia de Jesús. Ni complejo de superioridad, ni de inferioridad; cada quien, debe estar ubicado espiritualmente (Ro 3:3).

Los judíos y los gentiles, sin discriminación alguna, tienen acceso a Dios por medio de Jesucristo *porque por medio de él los unos y los otros tenemos entrada por un mismo Espíritu al padre.* En el Salvador todos tienen acceso a las bendiciones y promesas divinas. El Espíritu Santo confiere a todo ser humano, cuando cree, una relación filial con el Padre. Es por medio de su Espíritu que todo creyente puede clamar: *"¡Abba, Padre!",* Y es también Él, quien testifica al interior de los creyentes *"que somos hijos de Dios"* (Ro 8:15-17). El Santo Paracleto otorga a cada creyente la confianza y seguridad de su pertenencia a la familia de Dios.

> *2:19-22 Así que ya no sois extranjeros ni advenedizos, sino conciudadanos de los santos, y miembros de la familia de Dios, ²⁰ edificados sobre el fundamento de los apóstoles y profetas, siendo la principal piedra del ángulo Jesucristo mismo, ²¹ en quien todo el edificio, bien coordinado, va creciendo para ser un templo santo en el Señor; ²²en quien vosotros también sois juntamente edificados para morada de Dios en el Espíritu.*

Esta última sección del capítulo es la conclusión apostólica sobre el tema de la unidad que tiene el creyente en Cristo. La conjunción causativa "*así que*" se propone aclarar de una vez por todas, que los creyentes judíos y gentiles jamás deben poner su origen racial como una barrera para la comunión con sus hermanos de fe, pues ahora son *conciudadanos de los santos, y miembros de la familia de Dios*.

En la cátedra apostólica dirigida a los efesios, se aclara que todos los creyentes junto con los profetas y los apóstoles forman un gran edificio espiritual. La figura del edificio expresa la poderosa unidad de todos los que pertenecen al Señor Jesucristo. Ahora judíos y gentiles son *edificados para morada de Dios en el Espíritu*. Sin distinción racial, los creyentes conforman el gran templo donde habita el Espíritu de Dios.

> **Nota doctrinal:** Todos lo que creen, comparten los mismos privilegios y tienen el mismo destino celestial al igual que los patriarcas y profetas del AT, como hombres de Dios, pues, son edificados *sobre el fundamento de los apóstoles y profetas, siendo la principal piedra del ángulo Jesucristo mismo*. La piedra principal se ubicaba de forma que diera apoyo y firmeza a los muros. Eso es Cristo para los judíos y para los gentiles redimidos.

PREGUNTAS DEDUCTIVAS

1.- Mencione las características que el apóstol Pablo describe de los efesios antes de su conversión.

2.- Cuál es el significado de «anduvisteis» (v. 2).

3.- ¿Qué es lo que dice Lucas 14:17? ¿Cómo se relaciona esto a lo que dice el apóstol Pablo en Efesios 2:2-3 según el comentario?

4.- ¿Qué es lo que podemos entender como «la corriente de este mundo»?

5.- ¿En qué sentido los no redimidos son socios del maligno?

6.- ¿En qué consiste el gran amor con que Dios amó al ser humano?

7.- ¿Qué significado tiene la resurrección de Cristo para el creyente?

8.- ¿A qué se debe que Pablo hace énfasis en el antes, y el después, de la experiencia de salvación en un ser humano?

9.-Explique qué tiene que ver el legalismo con la jactancia y el carácter antibíblico de ambos conceptos en relación con la salvación por gracia.

10.- ¿En dónde, dentro de Efesios 2, Pablo hace alusión al carácter escatológico de la obra de Cristo?

11.- ¿Qué relación tiene Efesios 2:11-12 con Juan 1:11-12?

12.- ¿Cuál es la herencia que tiene la iglesia procedente de los judíos?

13.- Explique el proceso que Pedro tuvo que pasar para entender que los gentiles también eran parte del plan salvífico de Dios.

14.- ¿A qué se refiere Pablo con «enemistades» (v.16)

PREGUNTAS INDUCTIVAS

1.- A qué exactamente el apóstol Pablo se refiere cuando dice que un incrédulo o inconverso está muerto.

2.- ¿Cuáles son los «hijos de desobediencia»?

3.- ¿Qué implica en nuestros días «no seguir la corriente de este mundo»?

4.- Con ejemplos de la vida diaria, ¿Cuál es el «mundo» con el que usted lucha actualmente, siendo cristiano?

5.- ¿Cómo se concilia la expresión «hijos de ira» con Juan 3:16 (y otros pasajes) en donde podemos ver el amor que Dios tiene para el pecador?

6.- En qué sentido el pecador se opone al avance de la verdad del evangelio, aun cuando éste sea considerado «bueno» en el sentido de la moral relativa imperante en el mundo.

7.- ¿Qué tipo de sufrimiento dijo Cristo que sería el costo del discipulado y del cual habla Pablo implícitamente, al referirse a que sus seguidores están sentados en los lugares celestiales con Él?

8.- ¿Cómo es que concilia los pasos que el pecador debe dar para alcanzar salvación (p.ejem. las obras dignas de arrepentimiento, mencionadas por Pablo también en Hechos 26:20) y la salvación totalmente por gracia (sin obras)?

9.- ¿Qué es lo que usted entiende respecto a las obras que Pablo se refiere al decir: "las cuales preparó de antemano"?

10.- ¿Qué paralelos podría usted encontrar respecto a las dificultades que existieron entre judíos y gentiles dentro de la iglesia primitiva con lo que existe hoy entre "las ramas" del cristianismo?

11.- ¿Existe alguna diferencia ante Dios entre los judíos y los gentiles hoy? Si su respuesta es sí, explique; si es no, explique.

TRABAJOS OPTATIVOS

1.- Haga una investigación del término «hijos de Dios» contestando las siguientes preguntas:

a) ¿Quiénes son los hijos de Dios a los que se refieren distintos pasajes de las Escrituras?

b) ¿Cuáles son los privilegios de los hijos de Dios?

c) Cuando una persona se aparta del Señor, ¿pierde su posición como hijo de Dios? Compruebe sus conclusiones con versículos bíblicos.

d) ¿Qué ha pasado con los hijos de Dios que fueron desobedientes en la Biblia?

2.- Gráficamente describa la vida sin Cristo y la vida con Cristo, utilice versículos bíblicos para sus aseveraciones.

3.- Escriba una monografía que explique cuál era el sistema del mundo en cada una de las dispensaciones descritas en las Escrituras, y luego de ello, compare cada una de ellas con el mundo actual.

4.- Haga un estudio de los sufrimientos que experimentó Cristo y compárelo con los de Pablo, luego examine qué tipo de sufrimientos estuvieron excluidos de ambos.

5.- Mediante un recorrido por las Escrituras, haga una monografía del papel de los gentiles en el plan de redención de Dios y de las profecías que hablaron de la inclusión de ellos.

03
EFESIOS 3:1-13

3:1,2 Por esta causa yo Pablo, prisionero de Cristo Jesús por vosotros los gentiles; si es que habéis oído de la administración de la gracia de Dios que me fue dada para con vosotros;

MINISTERIO DE PABLO A LOS GENTILES
EFESIOS 3:1-13

Esta Epístola es una de las grandes joyas que Dios ha dejado para su iglesia, en donde nuevamente el apóstol Pablo habla respecto a su ministerio como apóstol de Jesucristo para los gentiles, tal y como lo menciona en otras partes (1 Co 9; 2 Co 10,11; Gá 1:11-24; Col 1:24-29). Habiendo tratado antes el tema de la reconciliación con Dios por medio de la cruz, ahora vuelve a afirmar que por dicha causa se ha hecho prisionero ó cautivo de Cristo Jesús, para llevar el santo evangelio a sus vidas, considerándolo siempre un gran privilegio. A pesar de estar como prisionero de Roma terrenalmente hablando, el apóstol sentía la libertad de decir que era prisionero de Cristo, que ante muchos parecía ironía, pero ante la iglesia era un honor.

El apóstol les recuerda a los efesios sobre la administración de la gracia de Dios que le había sido otorgada por causa de ellos, es decir que como un mayordomo había sido elegido para ministrar las verdades del evangelio, enseñándoles lo correcto y encaminándolos a seguir una vida agradable delante de Dios.

⇒ **Para meditar:** Pablo se encontraba bajo un arresto domiciliario que bien a muchos nos podría dañar emocionalmente y aun espiritualmente, por anhelar la libertad que antes se tenía. Sin embargo, el apóstol se adjudica el sobrenombre de prisionero de Cristo, estableciendo bien claro que lo que le acontecía era por ser un siervo del Señor, cumpliendo su ministerio. Es digno de imitar este gran ejemplo, para que a pesar de las luchas y pruebas que pueda enfrentar el creyente, se muestre siempre una actitud valiente, sabiendo que la promesa dada por Jesús al despedirse, registrada en Mateo 28:20, se cumplirá: *"he aquí yo estoy con vosotros todos los días"*.

3:3-6 que por revelación me fue declarado el misterio, como antes lo he escrito brevemente, leyendo lo cual podéis entender cuál sea mi conocimiento en el misterio de Cristo, misterio que en otras generaciones no se dio a conocer a los hijos de los hombres, como ahora es revelado a sus santos apóstoles y profetas por el Espíritu: que los gentiles son coherederos y miembros del mismo cuerpo, y copartícipes de la promesa en Cristo Jesús por medio del evangelio,

El apóstol Pablo con la seguridad que acostumbraba para referirse a la iglesia, les dice a los efesios que el misterio que posee ha venido por la revelación de Jesucristo su Señor y Salvador, entendiendo que un misterio es algo que antes estaba oculto y que Dios ha revelado. Años atrás el apóstol escribió a los Gálatas (Gá 1:11,12) que el evangelio que predicaba no fue recibido, ni aprendido de algún hombre, *"sino por la revelación de Jesucristo"* Y que ha sido tal revelación, la que lo ha llevado a seguir compartiendo el bendito evangelio, por cuanto agradó a Dios apartarlo desde el vientre de su madre para revelar a su Hijo en él. Sin duda, el conocimiento adquirido a través de la revelación, le permitía al apóstol Pablo poder interpretar y encontrar a la luz de la Escritura del Antiguo Testamento, que las diferencias entre los judíos y los gentiles, en cuanto a la redención habían sido borradas.

Dentro de este capítulo **se encuentra la palabra misterio en tres ocasiones,** tomando en cuenta que era la forma en que el apóstol Pablo captaba la atención o bien anunciaba la verdad del evangelio de Jesucristo a las iglesias. En Efesios 1:9,10 habla sobre el misterio de la voluntad de Dios, y en distintas cartas usa la palabra misterio para acompañar la verdad que quería transmitir al pueblo de Dios. Por mencionar ejemplos:

- en Romanos 11:25-36 cita el misterio de la restauración de Israel;
- en 1 Corintios 2:7 habla sobre el misterio de la sabiduría de Dios;
- en 1 Corintios 4:1 menciona el misterio de Dios;
- en 1 Corintios 15:51-57 se refiere al misterio del arrebatamiento;
- en Efesios 3:4 y 5:32 cita el misterio del cuerpo de Cristo. Igual en Colosenses 1:24-26, 2:2 y 4:3;
- el misterio del evangelio en Efesios 6:19;
- el misterio de la fe en 1 Timoteo 3:9;
- el misterio de la piedad en 1 Timoteo 3:16.

El apóstol Pablo menciona que el misterio de Cristo no había sido anunciado en generaciones pasadas a los hijos de los hombres y que ahora el Espíritu Santo ha revelado a sus santos apóstoles y profetas la verdad sobre los gentiles, quienes han sido llamados *"coherederos y miembros del cuerpo de Cristo, así como copartícipes de la promesa en Cristo Jesús por medio del evangelio".* Si bien es cierto para los judaizantes esto era una abominación, pero para el Apóstol era una verdad que Dios le había revelado y que tenía que seguir transmitiendo y enseñando.

Desglosando estas tres declaraciones que el apóstol Pablo hace referente a los gentiles:

- **En primer lugar cita que ellos son coherederos** (del griego *sunkleronómos*, que significa *participante en común de la herencia*), es decir, que aun cuando Israel había sido tomado por Dios como pueblo escogido para disfrutar de sus promesas (Romanos 9 y 10), por su duro corazón al no seguir y aceptar la justicia de Dios que estaba en la persona de Jesucristo, la misma justicia los condenó.

- **En segundo lugar, el apóstol menciona a los gentiles como miembros del mismo cuerpo de Cristo** del griego *sússomos* (que significa *compañero de la comunidad cristiana),* es decir que el sacrificio perfecto del Mesías alcanzaba salvación para el pueblo gentil y que una vez creyendo en su nombre los hacía acreedores de la gran bendición de ser sus discípulos; *"un misterio que había estado oculto desde los siglos y edades"* como lo cita en Colosenses 1:26-27.

- **Y por último los llama copartícipes de la promesa en Cristo,** la palabra copartícipe derivada de una palabra compuesta, del griego *summétojos* (que significa *una unión muy estrecha),* es decir que al ser copartícipes de la promesa en Cristo Jesús se hacían inmediatamente galardonadores de una relación muy estrecha, que por sí sola traía consigo bendiciones espirituales de parte de Dios por haber creído en el evangelio. Y que, al involucrarse en vivir el santo evangelio, las promesas de Dios se manifestarían en ellos como iglesia amada.

3:7-9 del cual yo fui hecho ministro por el don de la gracia de Dios que me ha sido dado según la operación de su poder. A mí, que soy menos que el más pequeño de todos los santos, me fue dada esta gracia de anunciar entre los gentiles el evangelio de las inescrutables riquezas de Cristo, y de aclarar a todos cuál sea la dispensación del misterio escondido desde los siglos en Dios, que creó todas las cosas;

Mientras que los versículos del 1 al 6, muestran el misterio revelado al apóstol Pablo para los gentiles, ahora como parte de la iglesia, los versículos siguientes, muestran el ministerio encomendado al apóstol Pablo, donde él mismo dice que fue hecho ministro del evangelio para ellos, no por voluntad propia sino

Texto controversial: *"sus santos apóstoles y profetas"*
El comentario bíblico siglo XXI cita lo siguiente: El calificativo de "santos" dado a los apóstoles y profetas ha causado problemas. <u>Pablo utiliza normalmente el término para referirse a todos los creyentes en Cristo.</u> (La palabra gr. *hagios* puede ser un adjetivo que significa "santo, separado por Dios para algún uso en particular", o un sustantivo que signifique "santo", "apartado").

Como se sabe, el catolicismo ha adjudicado los términos "santo y santa" a los hombres y mujeres, que se destacaron en alguna forma dentro de la iglesia o se les atribuyó algún milagro. Originalmente, se aplicó a los apóstoles y luego a los sucesores del apóstol Pedro. En sus concilios fueron precisando algunos requisitos para adjudicar ese honor, básicamente que "hubieran realizado algún milagro", a petición de un creyente. El último "santo" más famoso fue el papa Juan Pablo II, a quien se le adjudicaron dos milagros y se le canonizó para llamarlo ahora "San Juan Pablo II" y poder rezarle pidiéndole algún favor.

La palabra "santos", se usa en las epístolas con toda normalidad aplicada a los creyentes de las iglesias. Y en ese sentido se usa al decir *"sus santos apóstoles y profetas"*. (Pablo mismo se describe en el 3:8 como el menor de todos los santos). Más adelante en el 4:11, se mencionan como parte de los 5 ministerios. Es interesante notar que estos ministerios "desaparecieron" y luego "aparecieron" de nuevo. Por ejemplo, el ministerio de pastor, apareció de nuevo hasta la Reforma, con Lutero en Alemania, y el ministerio de evangelista hasta hace unos 250 años con las campañas de Wesley y asociados, en Inglaterra. Los apóstoles y profetas resurgieron fuertemente hasta finales del siglo pasado. Desde luego, el reconocimiento a las personas que así se nombran por ellos mismos, o por otros creyentes, es controversial.

por el don de la gracia de Dios que ha sido dado por la operación de su poder.

El apóstol Pablo cita la palabra **ministro** del griego *diákonos*, que traducido es *servidor*. El Espíritu Santo de Dios le dio la capacidad para predicar con gran eficacia el evangelio del Señor Jesucristo, también como lo cita en Colosenses 1:25, que según la administración de Dios que le fue dada para con la iglesia, podía anunciar cumplidamente la palabra de Dios, entendiendo así los misterios ocultos que ahora han sido revelados por medio del Señor Jesús.

El apóstol Pablo estaba consciente que era un transmisor de la gracia; consideraba su trabajo con una gran responsabilidad para no callar ante cualquier adversidad que se presentara. Cita también que el don gratuito que ha recibido de parte de Dios le ha hecho servidor y que su deber era enseñar las maravillas de su Hijo a través de la operación de Su poder. El apóstol no tenía un ministerio sencillo, sabía que seguir a Cristo y obedecerle traería consigo mucho sufrimiento, pero sin duda estaba dispuesto a pagar el precio.

La declaración del apóstol al decir soy menos que el más pequeño de todos los santos, viene de una profunda humildad en su corazón y un reconocimiento que no merecía la gracia que había actuado sobre él. Podría haberse sentido indigno de tal encomienda al recordar aquel momento que cita Hechos capítulo 9, cuando se dirigía a Damasco con órdenes de seguir asolando a la iglesia, pero que al encontrarse con el Señor Jesucristo su vida cambió por completo. Esta denotación del apóstol viene acompañada de sinceridad y gratitud por lo que Dios ha puesto en su vida, al darle la gracia de anunciar el santo evangelio entre los gentiles y contarles sobre las inescrutables riquezas de Cristo.

La palabra ***inescrutable*** viene del griego *anexijníastos*, que se traduce como *algo que no se puede rastrear*. Es decir, que son infinitas las riquezas que Cristo tiene para su iglesia y que en ningún momento podrían agotarse. El apóstol Pablo en el capítulo 1:17-23, ya había mencionado al Padre celestial como el dador del espíritu de sabiduría y de revelación en el conocimiento de Él, para poder ser alumbrados y contar con entendimiento para identificar *"cuáles son las riquezas de la gloria de su herencia en los santos".*

"y de aclarar a todos cuál sea la dispensación del misterio escondido desde los siglos en Dios, que creó todas las cosas;"

Asimismo, cita la palabra **aclarar** del griego *fotízo*, que significa *"echar luz sobre algo"*, en pocas palabras era responsable de cumplir con la tarea de hacer más fácil la comprensión del evangelio que le había sido revelado. Este propósito divino en la nueva dispensación como el tiempo de los gentiles, era un misterio escondido, pero que ahora a través de Jesucristo lo íntimo del corazón de Dios había sido revelado al mundo.

⇒ **Para meditar:** Una gran enseñanza nos deja Pablo en el sentido de la humildad y el despojo del orgullo o vanagloria que siempre mostró. En la actualidad han surgido muchos que niegan la cruz de Cristo con sus actos al quitarle la gloria a Aquel que vive y reina por los siglos de los siglos, adjudicándose "que es por sus declaraciones" que el reino de los cielos se establece en tal iglesia o en tal lugar. —"Yo declaro", o —"yo decreto", se oye con frecuencia en ciertos círculos. Un lenguaje que se debe evitar.

3:10-13 para que la multiforme sabiduría de Dios sea ahora dada a conocer por medio de la iglesia a los principados y potestades en los lugares celestiales, conforme al propósito eterno que hizo en Cristo Jesús nuestro Señor, en quien tenemos seguridad y acceso con confianza por medio de la fe en él; por lo cual pido que no desmayéis a causa de mis tribulaciones por vosotros, las cuales son vuestra gloria

El apóstol Pablo hace referencia a la misión de la iglesia en este mundo, acorde al misterio revelado. Ya que, estando el apóstol encarcelado, la iglesia tenía que seguir haciendo frente a la lucha contra principados y potestades, reconociendo que Jesucristo estaba con ellos y que ante su nombre todo principado y potestad se sujetaba bajo sus pies.

Para ello, les hace notar que la multiforme sabiduría de Dios estaba presente en sus vidas para tomar sabias decisiones y seguir encaminados a cumplir con el propósito eterno del Señor Jesucristo; aquí la palabra **multiforme** viene del griego *polupókilos* que significa *grande diversidad,* es decir Dios estaba dispuesto a brindarles la abundante gracia y la completa seguridad para seguir proclamando su nombre, como una iglesia dotada.

El acceso que Cristo Jesús había logrado para recibir las bendiciones de parte de Dios tenía que ser un elemento que no podrían olvidar. Qué Cristo como cabeza de su iglesia les daría confianza por medio de la fe en El, para hacer las obras de Dios en la tierra en medio de un mundo lleno de pecado y dominio por el enemigo. Posiblemente al mencionar **a los principados y potestades en los lugares celestiales,** se refería a los poderes que gobiernan la oscuridad de la región espiritual (Efesios 6:12; Daniel10:13,20-21). Aunque la primera interpretación es que se refiera a los ángeles buenos (Col 1:16), los cuales contemplan la asombrosa sabiduría que Dios demuestra por medio de la iglesia (1 P 1:10-12) B. de Estudio Pentecostal Pág. 1688.

El apóstol Pablo les pide que no desmayen, que sigan adelante en el camino del Señor, que las tribulaciones que él mismo ha pasado deben ser un ejemplo y un estímulo para ellos, *las cuales son vuestra gloria".*

03
EFESIOS 3:14-21

3:14,15 Por esta causa doblo mis rodillas ante el Padre de nuestro Señor Jesucristo, de quien toma nombre toda familia en los cielos y en la tierra,

EL AMOR QUE EXCEDE A TODO CONOCIMIENTO

EFESIOS 3:14-21

Aquí inicia la segunda oración apostólica, en Efesios: El Apóstol en muchas ocasiones hace notar a la iglesia que sus oraciones delante de Dios por ellos siempre han estado presentes. Que su deseo es verles, crecer en la fe y madurar en el camino que han decidido seguir por el regalo tan hermoso dado por Dios en la persona de Jesucristo. No es una oración ligera sino un pensamiento profundo que lleva al apóstol a una intercesión sincera delante de Dios. Es una oración pastoral en toda la extensión de la palabra, ya que el apóstol Pablo había fundado esa iglesia en la ciudad de Éfeso y se sentía con la responsabilidad de que esa comunidad cristiana se fortaleciera y creciera permanentemente.

Se debe recordar que el Apóstol se encontraba en prisión por causa del evangelio y que, aun así, a pesar de su condición no dejaba de orar por la iglesia. Qué bella escena nos podemos imaginar al ver al apóstol Pablo puesto de rodillas y a su Padre Celestial viendo el corazón de su hijo clamando por la iglesia amada. Es notable que cita la expresión ***"familia en los cielos y en la tierra"***, tal vez refiriéndose a Dios como creador de todos los seres vivientes, tanto angelicales como humanos y todos sujetos a su voluntad.

> *3:16-19 para que os dé, conforme a las riquezas de su gloria, el ser fortalecidos con poder en el hombre interior por su Espíritu; para que habite Cristo por la fe en vuestros corazones, a fin de que, arraigados y cimentados en amor, seáis plenamente capaces de comprender con todos los santos cuál sea la anchura, la longitud, la profundidad y la altura, y de conocer el amor de Cristo, que excede a todo conocimiento, para que seáis llenos de toda la plenitud de Dios.*

La oración del apóstol está dividida en tres peticiones:

La primera de ellas, es que el apóstol pide a Dios que les dé conforme a sus riquezas en gloria el ser fortalecidos ***con poder en el hombre interior*** por su Espíritu, dejando para siempre el viejo hombre que una vez gobernó sus vidas y que reine aquel que fue hecho a la imagen de Cristo. La fortaleza que brinda el Espíritu Santo en la vida del creyente es fundamental.

La segunda petición del Apóstol es la de que una vez que los creyentes han sido fortalecidos por el Espíritu Santo, la fe en Cristo sea una realidad en sus corazones, no dando lugar a la mentira y a los deseos de este mundo y cimentados firmemente en la Roca, ***seáis plenamente capaces de comprender con todos los santos cuál sea la anchura, la longitud, la profundidad y la altura,***

Comprendiendo las cuatro dimensiones espirituales, por así decirlo, en donde no escape ninguna pizca del amor de Cristo. Ya que es por la cimentación en su amor que la iglesia podría seguir caminando victoriosa.

La tercera petición, que el Apóstol hace es que, al conocer el amor de Cristo en toda su dimensión, automáticamente el creyente ***sea lleno de toda la plenitud de Dios,*** habitando constantemente en su presencia.

⇒ **Para meditar:** La oración del apóstol Pablo en los diferentes puntos o áreas antes mencionadas, nos deja en claro que su amor por la iglesia iba más allá de su propio bien, ya que su mayor satisfacción era que el Señor cumpliera su propósito en ellos. Esto es de resaltarse, ya que el sufrimiento que sentía estando encarcelado lo convertía en gozo, al interceder por sus hermanos con tanto amor, pidiendo que el Señor llenara cada aspecto de sus vidas. Esta práctica debiera ser común en maestros y líderes que ministran a algún grupo dentro de la congregación. En los pastores, por seguro es algo habitual.

> *3:20,21 Y a Aquel que es poderoso para hacer todas las cosas mucho más abundantemente de lo que pedimos o entendemos, según el poder que actúa en nosotros, a él sea gloria en la iglesia en Cristo Jesús por todas las edades, por los siglos de los siglos. Amén.*

Esta doxología que el apóstol Pablo cita es un himno de alabanza y agradecimiento a Dios, en donde cierra su oración apostólica y pone fin a la primera parte de la Epístola a los Efesios que es referente a la doctrina de Jesucristo respecto de la iglesia. En los primeros tres capítulos, el Apóstol ha tratado de explicar:

- las bendiciones ganadas por Cristo
- el privilegio de recibirlas,
- la explicación del misterio en torno de la iglesia
- y su apostolado hacia los gentiles.

Ante estas maravillas del plan redentor de Dios, el apóstol Pablo termina diciendo que Dios es poderoso para otorgar mucho más de lo que piden o desean en oración, los creyentes, sino aún más de lo que pueda percibir su imaginación. Por tanto, **a él sea gloria en la iglesia en Cristo Jesús por todas las edades, por los siglos de los siglos. Amén".**

PREGUNTAS DEDUCTIVAS

1.- ¿Qué quiere decir Pablo cuando dice que él es prisionero de Cristo?
2.- ¿Cuál es el misterio al que se refiere el apóstol Pablo en Efesios capítulo 3?
3.- ¿Cómo fue que Pablo aprendió el «misterio de Cristo», al cual se dedicó a difundir durante toda su vida?
4.- ¿Por qué podríamos decir que Pablo utiliza la palabra «misterio» para revelar una verdad escondida?
5.- Mencione al menos cinco ejemplos en otros pasajes de los escritos de Pablo en donde él utiliza el término «misterio».
6.- ¿Cuáles son los tres privilegios mencionados por Pablo de los cuales ahora pueden disfrutar los gentiles (vea vv. 3-6)?
7.- Explique la diferencia de enfoque que da el Nuevo Testamento a la palabra «santo» y al que es característico de la iglesia católica.
8.- ¿Qué cualidades cristianas muestra el apóstol Pablo al decir: «soy menos que el más pequeño de todos los santos»?
9.- ¿Por qué no es algo sano un lenguaje tal como «yo declaro» o «yo decreto» en el uso de un ministro del evangelio? aclare esto al tomar en cuenta la autoridad que, como creyentes, hemos recibo del Señor.
10.- ¿Qué es lo que Pablo encarga a los efesios en Efesios 3:10-13?
11.- ¿Por qué las prisiones de Pablo eran «la gloria de la iglesia»?
12.- ¿Qué quiere decir la expresión «familia en los cielos y en la tierra»?
13.- Cuáles son las tres peticiones que el Apóstol hace a Dios a favor de la iglesia de los efesios?

PREGUNTAS INDUCTIVAS

1.- ¿Cuáles son las implicaciones de ser un siervo de Jesús? ¿Es esto aplicable a todos los creyentes o tan sólo a los que predican la Palabra de Dios ejerciendo alguno de los cinco ministerios? Explique.

2.- Compare la actitud que mostraban los apóstoles al sufrir persecución por causa del Señor con la actitud de los ministros de hoy. ¿Cuáles son las diferencias? ¿Cómo se ve a los ministros que sufren por Cristo ante los ojos de un mundo que ve la prosperidad material y la fama como señales de éxito ministerial?

3.- ¿Cree usted que Dios da a cada siervo de Dios un llamado a predicar sobre un tema en particular y hacer énfasis en éste, o todo predicador debe tan sólo predicar "todo el consejo de Dios" (Hechos 20:27)? Explique.

4.- ¿Cuál es el papel del Espíritu Santo en la revelación del evangelio?

5.- Pablo habla de él mismo y de su ministerio, ¿qué piensa usted de los ministros del evangelio que hablan de esta manera (de sí mismos y de sus ministerios)? Señale las diferencias y cuál es la norma para los ministros de hoy.

6.- Pablo dice que su ministerio es «aclarar a todos...», explique la importancia de explicar el evangelio con claridad sin caer en la omisión de las complejidades de éste con la excusa de la simplicidad.

7.- Pablo da a entender que la iglesia ahora tiene acceso a la sabiduría de Dios por medio de Jesús, si usted fuera un estratega militar, ¿qué importancia clave tiene esto para resultar victoriosos en contra de nuestros enemigos espirituales?

8.- ¿Qué importancia tiene la oración pastoral en favor de su iglesia? ¿Cuáles deben ser las características de esta oración? respalde sus respuestas con versículos bíblicos pertinentes.

9.- Explique las cuatro dimensiones a las que el apóstol Pablo se refiere, y qué tiene que ver esto con el amor de Cristo y la plenitud de Dios en el creyente.

10.- ¿Cuál piensa usted que tiene que ver el bautismo en el Espíritu Santo cuando dice Pablo: «seáis llenos de toda la plenitud de Dios»?

11.- Cuando dice Pablo: «según el poder que actúa en nosotros», explique el papel del libre albedrío humano en relación con la voluntad de Dios cuando dice: «Aquel que es poderoso para hacer...».

TRABAJOS OPTATIVOS

1.- Haga una investigación respecto al arresto de Pablo en Roma (de dónde escribe la epístola a los Efesios), y señale todos los aspectos y detalles circundantes: fechas, lugares, hechos registrados en las Escrituras, los datos aportados por otros escritores de la época, etc.

2.- Escriba una monografía que lleve por título «Las oraciones de Pablo». En ésta analice las oraciones que el Apóstol menciona que hace en favor de las iglesias a las que él escribió.

3.- Analice y realice un escrito de dos cuartillas respecto al papel del Espíritu Santo referido en Efesios 3.

4:1a Yo, pues, preso en el Señor...

La expresión: *yo, pues, preso en el Señor,* (en Roma, como se cree) tenía un significado sustancial y definitivo para los hermanos

LA UNIDAD DEL ESPÍRITU

EFESIOS 4:1-16

efesios. Estar preso en la cárcel, era la evidencia irrefutable de que Pablo no corría en favor de aquellas decadentes corrientes religiosas, filosóficas, o aún políticas, y que lo que predicaba era diferente. Él estaba viviendo realidades que caracterizan al verdadero discípulo de Jesús: *"Las zorras tienen madrigueras, y las*

Nota histórica: en Hechos 18:24 a 19:41, se narra que existía en Éfeso una sinagoga judía, que coexistía con un prominente templo dedicado a la diosa Diana, que ha sido considerado como una de las siete maravillas del mundo antiguo; y como sucedía, paralelamente abundaba la magia negra. Ante los efesios, los judíos ya habían demostrado la ineficacia de su religiosidad, cuando un demonio había dominado a los hijos de Esceva, jefe de los sacerdotes, que eran exorcistas ambulantes y que aquel hecho bochornoso, había quedado de manifiesto ante todo el pueblo (Hch 19:11-18).

Es de esperar que existiera un pleito generalizado entre judíos, romanos dominadores, griegos y personas de otras nacionalidades que habían llegado allí, y constituían una sociedad cosmopolita que creía cualquier cosa tradicional o religiosa existente. A ese mosaico llegaron Pablo y Apolos, a predicar sobre una nueva creencia que se sostenía por las señales y milagros que en el nombre de "un tal Jesús de Nazaret" se realizaban.

aves de los cielos tienen nidos; mas el Hijo del Hombre no tiene donde recostar su cabeza" (Mt 8:20). Pablo no tenía precio; nadie pudo comprarlo ni seducirlo con corrientes de este siglo. La cárcel era el único lugar donde podía permanecer sin desestabilizar los cánones del poder temporal, donde Satanás es rey y señor. Ser un prisionero por la causa de Cristo le dio credibilidad ante los creyentes efesios y lo pone a la altura de aquellos héroes de la fe de la lista de Hebreos 11 y de quienes el Espíritu Santo dice: *"de los cuales el mundo no era digno"* (Hebreos 11:38).

> <u>4:1b-2</u> *"os ruego que andéis como es digno de la vocación con que fuisteis llamados, con toda humildad y mansedumbre, soportándoos con paciencia los unos a los otros en amor".*

Una comunidad gentil de procedencias tan diversas y variadas, enfrentaba frecuentemente fricciones y desavenencias. Humildad, mansedumbre, paciencia y amor son las virtudes que deben estar presentes en los creyentes para que pueda existir una convivencia sana entre ellos. Aunque tales virtudes surgen en el creyente como fruto del Espíritu (Gálatas 5:22), han de cultivarse a través del esfuerzo consciente y tesonero. Si así no fuera, la exhortación paulina hubiese estado de más.

> <u>4:3</u> *"solícitos en guardar la unidad del Espíritu en el vínculo de la paz;"*

Además del culto a la diosa Diana, la población era muy dada a las prácticas de la magia negra. Así las cosas, muchos miembros de la iglesia ya constituida durante la estancia de Pablo en Éfeso, y muchos miembros nuevos y simpatizantes que se acercaban a Cristo, podían caer, por falta de enseñanza, en manifestaciones espirituales extrañas que no se ceñían al Espíritu de Cristo. **El *vínculo de la paz*** era condición indispensable de toda manifestación espiritual en el culto cotidiano de la iglesia. El Espíritu Santo es apacible, benigno y lleno de buenos frutos. *"Amados no creáis a todo espíritu, sino probad los espíritus si* *son de Dios; porque muchos falsos profetas son salidos en el mundo"* (1 de Jn 4:1). Además, la sabiduría que procede de Dios es pacífica: *"Pero la sabiduría que es de lo alto es primeramente pura, después pacífica, amable, benigna, llena de misericordia y de buenos frutos, sin incertidumbre ni hipocresía"* (Santiago 3:17).

> <u>4:4-7</u> *"Un cuerpo, y un Espíritu, como fuisteis también llamados en una misma esperanza de vuestra vocación; ⁵un Señor, una fe, un bautismo, un Dios y Padre de todos, ⁶el cual es sobre todos, y por todos, y en todos. ⁷Pero a cada uno de nosotros fue dada la gracia conforme a la medida del don de Cristo".*

Aquí, al mismo tiempo que Pablo abona a favor de la armonía y la unidad entre los creyentes, va preparando el camino para abordar el asunto de los ministerios que ya se empezaban a dar en las iglesias y que debían ser reconocidos por los efesios. Estos ministerios lejos de ser posiciones de autoridad o privilegio, debían y deben estar bien unidos e integrados al propósito original de la iglesia.

La conjunción adversativa "pero", señala una excepción. Significa que, aunque todos estamos en un mismo cuerpo y bajo un mismo bautismo y un mismo Señor, en lo individual según la **medida del don de Cristo,** se desempeñarán diversas funciones y ministerios.

> <u>4:8-11</u> *"Por lo cual dice: Subiendo a lo alto, llevó cautiva la cautividad, Y dio dones a los hombres. ⁹Y eso de que subió, ¿qué es, sino que también había descendido primero a las partes más bajas de la tierra? ¹⁰ El que descendió, es el mismo que también subió por encima de todos los cielos para llenarlo todo. ¹¹Y él mismo constituyó a unos, apóstoles; a otros, profetas; a otros, evangelistas; a otros, pastores y maestros".*

"Por lo cual dice: Subiendo a lo alto, llevó cautiva la cautividad, Y dio dones a los hombres". Pablo aquí está citando el Salmo 68:18 que dice: *"Subiste a lo alto, cautivaste la cautividad, tomaste dones para los hombres, y también para los rebeldes, para que* *habite entre ellos Jehová Dios".* El Salmista originalmente escribió: *"tomaste dones para los hombres",* sin embargo, Pablo escribió: **dio dones a los hombres,** presentándose aquí una aparente contradicción. Según Mathew Henry el verbo hebreo, *laqaj* que se usó en el Salmo 68:18 se tradujo como "tomaste", siendo que tal verbo tiene un significado ambivalente y es "tomaste para dar". A fin de resolver esta aparente contradicción, M.Henry presenta en su comentario la traducción más aproximada, en su concepto: *"Subiste a lo alto aprisionando a los hombres que trajiste como cautivos. Tomaste hombres como dones y también los donaste para tu pueblo y aún para los gentiles, para que habite Jehová entre ellos".*

Entendido así el texto citado por Pablo en Efesios 4:8, se desprende que esos cautivos somos los creyentes que desde nuestra salvación quedamos como servidores voluntarios, y que cual dones en botín de guerra, Dios los recibe y luego los regala a la iglesia.

<u>*4:9*</u> *"Y eso de que subió, ¿qué es, sino que también había descendido primero a las partes más bajas de la tierra?*

Este es un pasaje que confirma lo que en otras partes de las Sagradas Escrituras se revela, y es precisamente el hecho que existía un sitio en lo profundo de la tierra a donde Jesús descendió al morir en la cruz.

En Mateo 12:40 Jesús anunció: "como estuvo Jonás en el vientre del gran pez tres días y tres noches, **así estará el Hijo del Hombre en el corazón de la tierra** tres días y tres noches" Otros textos lo confirman: Salmo 16:10, Hebreos 2:14,15.

Los cautivos que fueron *"tomados",* (Sal 68:18) eran todos los santos que habían muerto, desde Abel hasta Cristo. Ellos estaban vivos en alma y espíritu, desde que murieron físicamente, lo cual prueba la importante enseñanza bíblica de la inmortalidad del alma. Cristo no habría *"llevado"* almas muertas.

Este equipo de cinco ministerios es indispensable para el desarrollo de la iglesia. Tales ministerios deben ser aceptados y respetados como un regalo de Dios.

La revisión que Valera hizo de la traducción de Casiodoro de Reina en 1602, dice en este texto: *"Y él mismo dio unos, ciertamente apóstoles; y otros, profetas; y otros, evangelistas; y otros, pastores <u>y doctores;</u>"* Además Cipriano de Valera, en su completa revisión a Casiodoro de Reina, su amigo, no tradujo *"constituyó"* sino "dio". Dios dio a esos hombres de los cinco ministerios como dones, como un regalo suyo para la iglesia. Saber que Dios "dio" esos hombres como un regalo, tiene una distinta connotación que "constituyó". Esos ministerios no son un don que Dios da a ciertos hombres como los dones del Espíritu Santo, sino que son hombres con ministerios santos e inherentes a sus personas. Ser Apóstol, Profeta, Evangelista, Pastor o Maestro (doctor), revela <u>que no es que Dios haya dado habilidades especiales a los hombres, sino que dio hombres especiales a la iglesia como regalo para la edificación de su propio cuerpo.</u> Visto de esta manera podemos justipreciar el desempeño de estos ministerios y ser capaces de valorarlos y no menospreciarlos, mucho menos tratarlos con sarcasmo o burla.

Ahora, cuando un cristiano muere, ya no va a las partes bajas de la tierra, como antes de Cristo, sino que es trasladado directo a los cielos, a esperar la resurrección del cuerpo (2 Co 5:6-8; Fil 1:21-24; Heb 12:22,23: Ap 6:9-11).

> *4:10,11 "El que descendió, es el mismo que también subió por encima de todos los cielos para llenarlo todo. ¹¹ Y él mismo constituyó a unos, apóstoles; a otros, profetas; a otros, evangelistas; a otros, pastores y maestros..."*

En el Salmo 68:18, se está hablando de Dios como Rey guerrero que subió a lo alto con la multitud de cautivos que capturó después de su triunfo en la batalla verificada en El Calvario. ¿Quién es este Rey guerrero que subió a lo alto? Es aquel que también había descendido a las partes más bajas de la tierra, y no es otro, sino Cristo. También es el único que subió por encima de todos los cielos para llenarlo todo. Es Cristo de quien se está hablando en este Salmo. Él es el que constituyó a unos apóstoles, a otros profetas, a otros evangelistas y a otros pastores y maestros.

Es notable lo que el Salmo 68:18b, expresa: *"Y también para los rebeldes, para que habite entre ellos Jehová Dios",* indicando que la operación activa de esos cinco ministerios hace que "Dios habite entre", o "sea cercano a", es decir a aquellos hombres, los redimidos de la iglesia que en otro tiempo eran "extraños o rebeldes".

- Esta cercanía se manifiesta de manera real y verdadera en el ministerio de los apóstoles (revelación apostólica).
- Con los profetas (proclamación profética) en el sentido general para la iglesia y en el sentido particular para cada creyente. La Biblia registra la existencia de profetas neotestamentarios en Hechos 13: 1-3. (Ver el desempeño de Agabo en Hechos 21: 10-12).
- Dios se manifiesta mediante la unción especial del evangelista que opera milagros y maravillas que impactan y persuaden a los hombres para que crean y se salven.
- El Señor desde luego se hace cercano mediante el cuidado especial y sabio que el pastor proporciona a cada oveja guiándole, animándole y afirmándole en la fe.
- El maestro, o doctor, es aquel que despliega una función especial desentrañando el significado de las Escrituras, poniéndolas al alcance tanto de los neófitos, como de los avanzados, para su desarrollo en el Señor.

Son hombres especiales dados personalmente como regalo para la iglesia. Es por ello que todos los creyentes deben saber que: 1.- Existen. 2.- Son de Dios. 3.- Deben ser aceptados y honrados como tales.

> *4:12,13 "A fin de perfeccionar a los santos para la obra del ministerio, para la edificación del cuerpo de Cristo, ¹³hasta que todos lleguemos a la unidad de la fe y del conocimiento del Hijo de Dios, a un varón perfecto, a la medida de la estatura de la plenitud de Cristo;"*

De esta declaración se pueden percibir dos cosas: 1.- Que los santos, es decir los creyentes, los miembros de la iglesia, no son perfectos. Tienen defectos que se irán subsanando a medida que avanzan en la vida cristiana. 2.- Que (por inferencia) mientras haya en la tierra un santo que perfeccionar, los cinco ministerios estarán vigentes. Éstos, han de acompañar a la iglesia, el cuerpo de Cristo todo el tiempo de su militancia temporal.

Hasta que todos lleguemos a la unidad de la fe y del conocimiento del Hijo de Dios.

La unidad de la fe, se refiere a que la iglesia acepte normas y estándares en donde no haya diferencias sustanciales por las cuales la iglesia esté cercenada o dividida. Aplica aquí la antigua premisa de la convivencia entre las denominaciones, producto de la Reforma Religiosa de los siglos XVI-VII que tanta luz ha traído a través de los tiempos: **"En lo esencial, unidad; en lo no esencial, libertad; y en todo, bondad".**

Nota histórica: CONEMEX (Confraternidad Evangélica de México) la Organización cristiana formada en 1982 con la inclusión de las principales Denominaciones y Movimientos cristianos, hizo suyo ese lema de la Reforma. El Director General de este Comentario, (BICAD), Pbro. Teófilo J. Aguillón, fue el primer presidente, teniendo como vicepresidentes al Obispo de la Iglesia Metodista, Pbro. Alejandro Ruiz y al Lic. Sergio García Romo, de la Iglesia Presbiteriana; además de muchos otros líderes, tales como David Enríquez, Agustín Acosta, Abraham Alvarez, Juan M. Isáis, Mayor Roberto Frías, C.P. Sergio Dávila, Vidal Valencia, Lic. Jonás Flores, Cirilo Cruz, Manuel Rodríguez, miembros de variados Movimientos que han fungido como parte de la mesa directiva. A través de los años han participado como directivos, los Pbros. Alfonso de los Reyes, Isaí Montoya, Ramiro Ruiz y Fernando Figueroa de Asambleas de Dios y otros más. CONEMEX fue la Organización Evangélica que el presidente Salinas de Gortari, consultó, cuando realizó la reforma al Artículo 130, que otorgó personalidad legal a las iglesias evangélicas, reconociéndolas como Asociaciones Religiosas desde 1990.

A un varón perfecto, a la medida de la estatura de la plenitud de Cristo. Aquí Pablo apunta hacia el destino final de la iglesia. La Iglesia está destinada a alcanzar la estatura de Cristo mismo. A una unidad con Él, de tal forma que tengamos la misma esencia, la misma sustancia y la misma estatura, *"la plenitud de Cristo".*

> <u>4:14,15</u> *"Para que ya no seamos niños fluctuantes, llevados por doquiera de todo viento de doctrina, por estratagema de hombres que para engañar emplean con astucia las artimañas del error, sino que siguiendo la verdad en amor, crezcamos en todo en aquel que es la cabeza, esto es, Cristo···"*

Pablo dice que habrá un período en el que la iglesia habrá madurado de tal manera, que militará en este sistema temporal de cosas, sin fluctuar como niños llevados de aquí para allá y enfrentar **los vientos de doctrina,** producto de hombres engañadores que convencen con artimañas tales, como la secularización del evangelio, el humanismo, la tradición, las costumbres sociales y herejías opuestas a Dios. Aún enfrentar el "evangelio cultural", practicado por muchos cristianos.

...siguiendo la verdad en amor. Se puede seguir la verdad sin amor.

La filosofía eso pretende, encontrar la verdad pero sin amor. Hay quienes pretenden seguir el amor, pero sin considerar la verdad. Sólo en Cristo se da el verdadero equilibrio que Dios quiere. ¿Qué es la verdad? Preguntó Pilato. Cristo dijo: "Yo soy la verdad". ¿Qué es el amor? podría preguntar el disputador de este siglo, la Biblia lo dice claramente, ¡Dios es amor!

...crezcamos en todo... Significa que el crecimiento del creyente debe ser integral y completo, no sólo en un sentido especial. *"No he rehuido anunciaros todo el consejo de Dios"* (Hch 20:27). Hay quienes crecen en conocimiento, pero descuidan la fe. Otros crecen en fe, pero descuidan el amor. Otros pretenden crecer en amor, pero dejan de lado las Sagradas Escrituras. Otros pretenden crecer en santidad, pero olvidan las necesidades de sus semejantes.

Pablo dice: **crezcamos en todo** pero *en aquel que es la cabeza, esto es, Cristo.* Siempre salvaguardando el motivo único de nuestro ejercicio como iglesia. Nuestra profesión de fe es cristocéntrica y no antropocéntrica. El centro de nuestra vida no es el hombre sino Jesucristo, el Hijo de Dios.

> *4:16 "de quien todo el cuerpo, bien concertado y unido entre sí por todas las coyunturas que se ayudan mutuamente, según la actividad propia de cada miembro, recibe su crecimiento para ir edificándose en amor"*

De aquí, Pablo establece y crea conciencia de que el funcionamiento armonioso de la iglesia involucra la participación de cada miembro con su individualidad. Unidad en la diversidad, en la que el elemento aglutinante es el amor.

EFESIOS 4:17-32

4:17-19 "Esto, pues, digo y requiero en el Señor: que ya no andéis como los otros gentiles, que andan en la vanidad de su mente, teniendo el entendimiento entenebrecido, ajenos de la vida de Dios por la ignorancia que en ellos hay, por la dureza de su corazón; los cuales, después que perdieron toda sensibilidad, se entregaron a la lascivia para cometer con avidez toda clase de impureza.

LA NUEVA VIDA EN CRISTO

EFESIOS 4:17-32

Dos cosas son las causas del desenfreno pagano:

1.- La ignorancia. Es la ignorancia de la voluntad de Dios, la que hace errar y pecar al hombre natural, al hombre impenitente. Es por ello que, la palabra de Dios debe ser enseñada, proclamada, distribuida, publicada, etc. Cuando la Biblia es leída seriamente por una persona, esa persona no volverá a ser la misma. *"Así será mi palabra que sale de mi boca, no volverá a mi vacía sino que hará lo que yo quiero y será prosperada en aquello para que la envié"* (Isaías 55:11).

2.- Dureza del corazón. Esta se da en personas que aun cuando ya conocen la Escritura y han quedado convencidos por sus enseñanzas, siguen resistiendo su aplicación en sí mismos, hasta que se insensibilizan y caen en degeneración, *"cometiendo con avidez, toda clase de impureza"*. También pueden ser aquellos que se volvieron atrás del santo mandamiento y son *"como el perro que vuelve a su vómito o la puerca lavada que vuelve al cieno"* (2 Pedro 2:22).

> *4:20,21 Mas vosotros no habéis aprendido así a Cristo, si en verdad le habéis oído y habéis sido por él enseñados, conforme a la verdad que está en Jesús.*

Siendo Pablo de un carácter punzante e incisivo, lanza un desafío hacia los creyentes en el cual pone en duda su conversión. **Si en verdad,** parafraseando a Pablo, esto bien podría sonar así: "es posible que no le habéis oído ni habéis sido enseñados por Él. Es posible que hasta aquí lo de ustedes ha sido un engaño y una simulación". Esta retórica usó Pablo en varias ocasiones y le funcionaba:

- *"Me temo de vosotros, que haya trabajado en vano"* (Gálatas 4:11)
- *"Porque algunos no conocen a Dios, para vergüenza vuestra lo digo"* (1 Corintios 15:34)
- *"Examinaos a vosotros mismos si estáis en la fe; probaos a vosotros mismos. ¿O no os conocéis a vosotros mismos, que Jesucristo está en vosotros, a menos que estén reprobados?"* (2 Co 13:5)

Demoledoras palabras que en su tiempo sacudían y siguen sacudiendo las conciencias de los creyentes.

> *4:22-24 "En cuanto a la pasada manera de vivir, despojaos del viejo hombre, que está viciado conforme a los deseos engañosos, y renovaos en el espíritu de vuestra mente, y vestíos del nuevo hombre, creado según Dios en la justicia y santidad de la verdad"*

Una cosa debía saber los efesios como creyentes que comenzaban a vivir en Cristo, y era la batalla interior entre dos naturalezas irreconciliables. Esta batalla es la que se da entre el espíritu y la carne, entre el alma y el espíritu. *"Amados, yo os ruego como a extranjeros y peregrinos, que os abstengáis de los deseos carnales que batallan contra el alma"* (1 P 2:11) *"Porque el deseo de la carne es contra el Espíritu, y el del Espíritu es contra la carne; y éstos se oponen entre sí para que no hagáis lo que quisiereis"* (Gálatas 5:17).

Son los deseos engañosos del "hombre viejo" y los impulsos de la mente espiritual del "nuevo hombre". Cuando un creyente no está advertido de esta lucha interna que se desata desde el primer día de su conversión, entonces queda expuesto a obedecer los deseos de la carne. *...y vestíos del nuevo hombre creado según Dios en la justicia y santidad de la verdad.* Esta nueva criatura que ha nacido y se conoce como el "nuevo hombre" se inclinará siempre a favor de la justicia y la santidad, pero deberá ser siempre bajo los requerimientos ineludibles de la verdad. ¿Cuál verdad? No la verdad filosófica, no la verdad mística o religiosa, sino la verdad de Jesucristo revelada en las Sagradas Escrituras. *"Santifícalos en tu verdad, tu palabra es verdad"* (Jn 17:17).

> *4:25 Por lo cual desechando la mentira, hablad verdad cada uno con su prójimo; porque somos miembros los unos de los otros.*

El hombre natural está habituado a mentir todo el tiempo. En la iglesia ese pecado es inaceptable, el creyente que sigue mintiendo algún día parará en el infierno. *"...y todos los mentirosos tendrán su parte en el lago que arde con fuego y azufre..."* (Ap 21:8) *"Los labios mentirosos son abominación del Señor, pero los que obran fielmente son su deleite"* (Prov 12:22)

"No se ponga el sol sobre vuestro enojo". Incomparable consejo. Especialmente aplicable en las relaciones de familia. Cuando los esposos no dejan que, literalmente, amanezca otro día sin haber limado asperezas, pedido perdón por alguna palabra que dañó o insultó, que afectó los sentimientos del cónyuge o de los hijos. Cuánta tristeza ha causado, saber que una pareja lleva dos semanas enojados, o que una madre y su hija tienen 15 días sin hablarse.

Esta buena actitud para que se acabe el enojo, debe aplicarse a las relaciones con creyentes o compañeros de trabajo. Nada honraría más nuestra nueva vida en Cristo.

> *4:26-27 Airaos, pero no pequéis, no se ponga el sol sobre vuestro enojo, ni déis lugar al diablo.*

Un cierto grado de enojo o indignación, es permitida en los creyentes, pero sin llegar al extremo del rencor grave y permanente, que, como raíz de amargura, pueda carcomer su vida espiritual. Existe el recurso del perdón que dijo Cristo: *"Y cuando estéis orando, perdonad..."* (Mr 11: 25).

"ni déis lugar al diablo". ¡Cuántas ofensas se han resuelto en la cámara secreta de la oración, cuando perdonamos al prójimo en la presencia de Dios! Podemos perdonar como una decisión unilateral en la que el ofensor, consciente o no, de habernos hecho daño, queda perdonado según el método de Dios propuesto en este versículo. Cuando perdonamos y pedimos perdón de manera pronta y expedita, el diablo pierde un punto de apoyo por el cual nos puede destruir.

> *4:28 El que hurtaba, no hurte más, sino trabaje, haciendo con sus manos lo que es bueno, para que tenga qué compartir con el que padece necesidad.*

Robar es un pecado obsceno e indecente, está junto al adulterio, al homosexualismo, a la idolatría y otros, citados en 1 Corintios 6:9. Robar está en la lista de "pecados dignos de excomunión", es decir, amerita la expulsión de la iglesia de Cristo. En 1 Corintios 5:11 Pablo ya había escrito: *"Más bien os escribí que no os juntéis con ninguno que, llamándose hermano, fuere fornicario, o avaro, o idólatra, o maldiciente, o borracho, o ladrón; con el tal ni aún comáis".* Trabajar es la opción legítima para ganarse el pan. El fruto de ese trabajo puede compartirse con los necesitados. Algunos usan el pretexto de ayudar al necesitado para beneficiarse, pero el fin no justifica los medios. Los principios divinos no permiten este tipo de acciones. Darle a los pobres es un deber sagrado que Dios siempre reclama de su pueblo. *"Haced el bien a todos los hombres, mayormente a los domésticos de la fe"* (Gálatas 6:10).

> *4:29 Ninguna palabra corrompida salga de vuestra boca, sino la que sea buena para la necesaria edificación, a fin de dar gracia a los oyentes.*

A veces escogemos el silencio para no decir lo malo, sin embargo, una posición así, no coadyuva para la necesaria edificación de los demás. Pablo insta a los efesios a tomar parte activa y no pasiva. Exhorta a los creyentes no sólo a callar lo malo, sino a hablar palabra "que sea buena".

⇒ **Para meditar:** "Ninguna palabra corrompida". La influencia de la cultura es tanta, que muchos creyentes dicen malas palabras, que sin ser "maldiciones", sí son vulgares, y de mal gusto. Esto incluye los chistes "no tan colorados", pero que tienen connotación sexual o perversa, que hoy con tanta facilidad pronuncian hombres y mujeres de todas las edades y en todas las profesiones. No será así con los creyentes, de ninguna edad".

4:30 Y no contristéis al Espíritu Santo de Dios, con el cual fuisteis sellados para el día de la redención.

Toda actitud pecaminosa en un creyente, entristece al Espíritu Santo que mora en él. El Espíritu Santo como un sello, marcará al creyente durante toda su vida aquí en la Tierra. Es esta marca, la que determinará su presencia o ausencia el día del arrebatamiento. Fue el poder del Espíritu Santo, el que resucitó a Cristo hasta situarlo a la diestra del Padre. *Mas vosotros no vivís según la carne, sino según el Espíritu, si es que el Espíritu de Dios mora en vosotros. Y si alguno no tiene el Espíritu de Cristo, no es de él. Y si el Espíritu de aquel que levantó de los muertos a Jesús mora en vosotros, el que levantó de los muertos a Cristo Jesús, vivificará también vuestros cuerpos mortales por su Espíritu que mora en vosotros"* (Ro 8: 9-11) El creyente que persiste en pecar, estará contristando al Espíritu Santo, poniendo en peligro su lugar en el rapto.

4:31 Quítense de vosotros toda amargura, enojo, ira, gritería y maledicencia y toda malicia.

○ ***Amargura, enojo e ira***, están ligados a la naturaleza humana y se manifiestan creando un ambiente de contienda que incide directamente en contra de la convivencia pacífica en la iglesia y desde luego en los hogares.

- *Gritería*, he aquí una actitud que ha sido pasada por alto por muchos años en la iglesia pentecostal. El tono de voz desenfrenado aparece con frecuencia en nuestras conversaciones, en nuestra liturgia, en nuestras reuniones de organización y aún en nuestros púlpitos. Aplica aquí el viejo adagio que dice: "Bájale al volumen y súbele al argumento". *"...la dulzura de labios aumenta el saber"* (Prov 16:21b)

- *Maledicencia*. Este término significa el uso de palabras ofensivas que hieren y lastiman. Aunque muchos maestros y escritores, justifican la maledicencia, con explicaciones literarias, académicas o filosóficas, todos saben cuáles son las palabras "altisonantes o maldiciones" comúnmente usadas para ofender. Le preguntaron a un sabio qué palabras eran consideradas como maldiciones, y contestó: *"aquellas palabras que nunca quisieras escuchar en los labios de tu tierna hijita"*.

- *Y toda malicia*. La malicia, según el Diccionario Enciclopédico Español, significa: "Propensión a pensar mal o inclinación al mal". Es una actitud negativa que se manifiesta lanzando indirectas, sarcasmos e ironías que veladamente llevan la intención de hacer mal. *"Así que celebremos la fiesta, no con la vieja levadura, ni con la levadura de malicia y de maldad, sino con panes sin levadura, de sinceridad y de verdad"* (1 Corintios 5:8)

4:32 Antes sed benignos unos con otros, misericordiosos, perdonándoos unos a otros, como Dios también os perdonó a vosotros en Cristo.

- **Benignidad** es propensión al bien. Ser benigno es estar siempre inclinado y dispuesto a hacer el bien a todos y en todo sentido.

- **Misericordia** es aquella cualidad que se da en el ser humano, en la cual el misericordioso pasa por alto un agravio y extiende hacia el ofensor olvido y perdón.
- **El perdón**. es un acto que se realiza en la cámara secreta de oración. *"Y cuando estéis orando perdonad si tenéis algo contra alguno".* Es durante los momentos de oración cuando debemos perdonar. Podemos perdonar a la distancia. Muchas veces el ofensor ni siquiera se entera de que ha sido perdonado, porque muchas veces tampoco está consciente de que ha ofendido.

Es un acto entre el ofendido y Dios que se ejecuta cuando estamos orando, mencionando el nombre del ofensor y emitiendo sentencia de perdón oral, verbal, pronunciando las palabras necesarias.

Las emociones negativas de odio o rencor, se irán desterrando poco a poco del fuero interno y muchas veces el ofensor cambiará en su actitud y aun pedirá perdón por su ofensa. Dios es poderoso.

PREGUNTAS DEDUCTIVAS

1.- ¿Cuáles eran algunos de los elementos circunstanciales imperantes en Éfeso en el tiempo en que Pablo y sus colaboradores predicaron allí?
2.- ¿Qué importancia central tenía que Pablo estuviera preso?
3.- ¿Por qué las cualidades cristianas que menciona Pablo en Efesios 4:2 son tan importantes?
4.- ¿A qué se refiere el término «unidad del Espíritu»?
5.- ¿Cuáles son los elementos de unidad mencionados por Pablo en Efesios 4?
6.- ¿Son los ministerios posiciones de autoridad o posiciones privilegiadas? Explique. Haga un contraste con pasajes tales como Hebreos 13:17.
7.- ¿Cómo se resuelve la aparente discrepancia entre Efesios 4:8 y su fuente textual en Salmo 68:18?
8.- ¿A dónde va un cristiano cuando muere? ¿Qué diferencia existe entre el destino que tuvieron los hombres y mujeres de Dios antes de Cristo?
9.- ¿Qué gran significado tiene para la iglesia que Cristo mismo haya constituido los cinco ministerios? ¿En qué consiste la dignidad de éstos?
10.- Explique en qué consisten los cinco ministerios.
11.- ¿Cuál es el fin u objetivo de los cinco ministerios?
12.- ¿Qué tiene que ver la madurez espiritual con llegar a «la estatura de la plenitud de Cristo»?
13.- ¿Qué significado tiene la frase «siguiendo la verdad en amor»?
14- El crecimiento debe ser dentro de Cristo según Efesios 4:15, ¿qué relación tiene esto con Juan 15:1-17 y el requisito indispensable de santidad que todo cristiano debe llenar para tener parte con Cristo (Hebreos 12:14)?

15.- ¿Cuáles son las dos situaciones que menciona el Apóstol, las cuales propician que un individuo cometa «con avidez toda clase de impureza»?

16.- ¿Cómo es que la ignorancia de las Escrituras propicia el pecado en los seres humanos?

17.- Mencione tres ejemplos en donde el apóstol Pablo condiciona la salvación a la evidencia de una vida de fruto cristiano.

18.- Explique las implicaciones inherentes al pecado del robo y cuál es la solución para evitarlo.

19.- ¿Cuál es la manera en que los cristianos perdonan a sus ofensores? (v.32).

PREGUNTAS INDUCTIVAS

1.- ¿Cree usted que los milagros tan solo son necesarios para la conversión de los paganos? Si la respuesta es negativa, compruebe con respaldo bíblico.

2.- Siendo que Pablo estaba preso físicamente en una prisión romana, ¿a qué se refiere exactamente al decir «yo, preso en el Señor»?

3.- ¿Por qué la muestra de las cualidades cristianas de la humildad, la mansedumbre, la paciencia y el amor son tan necesarias especialmente en una sociedad marcadamente heterogénea?

4.- Haciendo uso de un lexicón, explique la raíz griega de cada palabra del versículo de Efesios 4:3.

5.- Siendo que el Nuevo Testamento enseña la existencia de varios bautismos ¿Por qué cree usted que Pablo dice «un bautismo»?

6.- Siendo que Dios ha dado a cada uno los dones que Él ha querido, ¿qué papel desempeña la oración por que éstos sean derramados en la iglesia?

7.- ¿En qué sentido los seres humanos pueden ser un regalo de Dios para la(s) iglesia(s)?

8.- ¿Cómo puede probar que Cristo bajó para trasladar las almas piadosas muertas al cielo? ¿Cómo concilia esto con el pasaje de 1 Pedro 3:18-20?

9.- ¿Qué papel central tiene el bautismo en el Espíritu Santo en el ejercicio de los cinco ministerios? ¿Por qué es indispensable que todo aquel que ejerce un ministerio ante Dios, debe ser santo?

10.- ¿Ha sido usted llamado por Dios para ejercer uno de los cinco ministerios? ¿Cuáles son sus privilegios y responsabilidades? (cite versículos bíblicos de respaldo).

11.- ¿En qué sentido se dice que los santos necesitan ser perfeccionados? Vaya al lexicón para ver el significado exacto de esta palabra y explíquelo a la luz de Hebreos 5:9 en donde se habla de que Cristo mismo necesitaba ser perfeccionado.

12.- Señale las áreas en donde el cristiano debe estar siempre creciendo.

13.- ¿Qué relación tiene el corazón que escucha y es enseñable con el verdadero arrepentimiento de un verdadero creyente?

14.- Explique el término «despojarse del viejo hombre».

15.- ¿Qué tiene que ver la mentira en contraposición con que «somos miembros los unos de los otros»?

16.- Dé una explicación amplia a lo que Pablo menciona como «palabras corrompidas», haga uso de un lexicón para sus razonamientos.

TRABAJOS OPTATIVOS

1.- Haga una monografía respecto a la historia bíblica de los presos piadosos. Compare cada uno de ellos desde distintos puntos de vista y genere sus propias conclusiones.

2.- Investigue respecto a los términos «hades», «seol», «paraíso», «seno de Abraham», «infierno» y «cielo».

3.- Examine a través de la historia de la Iglesia la importancia de los cinco ministerios y su impacto en los avivamientos y en la riqueza espiritual que la iglesia tiene hoy. También señale la vacancia de estos ministerios en la cristiandad de nuestros días.

4.- Escriba una monografía describiendo las corrientes doctrinales erróneas que han sido más dañinas en nuestros días. No olvide mencionar no tan sólo las más evidentes, sino también las que se han filtrado sutilmente en la iglesia de Dios.

05
EFESIOS 5:1-20

5:1,2 Sed, pues, imitadores de Dios como hijos amados. Y andad en amor, como también Cristo nos amó, y se entregó a sí mismo por nosotros, ofrenda y sacrificio a Dios en olor fragante.

ANDAD COMO HIJOS DE LUZ
EFESIOS 5:1-20

El apóstol Pablo hace un llamado a los feligreses de Éfeso, a que muestre su vida con un buen testimonio delante de las personas, dando a conocer que son verdaderamente hijos de Dios. El Apóstol muestra la esencia de cómo es que hay que conducirse: usando el poderoso ingrediente del amor sin fingimiento.

Es notable ver cómo se compara a la iglesia con Cristo. Los dos verbos que se pueden notar aquí son *sed y andad*; estos enlazan la acción de la iglesia para relacionarse con los demás.

Llegar a ser imitadores de Dios compromete a la iglesia a vivir realmente como Él. Esto es debido al llamado de ser hijos de Dios, comprados a precio de sangre. La vida de cada persona siempre se tiene que presentar agradable ante Dios.

"Cristo"... El nombre de Cristo nos muestra que es el Ungido, el Señor, y por tanto, la suprema autoridad que la iglesia tiene. Debido al ejemplo que el apóstol Pablo explica de la vida del Señor Jesucristo, que sin reservas y sin mancha se entregó por completo y así su sacrificio fue un perfume de grato olor ante Dios.

5:3-5 Pero fornicación y toda inmundicia, o avaricia, ni aun se nombre entre vosotros, como conviene a santos; ni palabras deshonestas, ni

> *necedades, ni truhanerías, que no convienen, sino antes bien acciones de gracias. Porque sabéis esto, que ningún fornicario, o inmundo, o avaro, que es idólatra, tiene herencia en el reino de Cristo y de Dios.*

⇒ **Para meditar:** Pablo en todas sus cartas presenta listas semejantes a ésta, considerando que la iglesia debe ser imitadora de Dios. (Véase la amplia lista del capítulo previo: Efesios 4: 22-32; y antes Gálatas 5:19-26 y 1 Corintios 10: 6-14. Y La lista de "mandamientos" que presenta en Romanos 12:9-21 mostrando los aspectos deseables de la conducta cristiana). Pablo advierte y muestra una serie de acciones que a la vez son pecados, y desde luego, el pecado no es acepto delante de los ojos de nuestro creador. Los lleva hasta el extremo de darles a conocer que el que practica tales cosas no puede pertenecer al Reino de Dios, y por tanto, no tiene herencia con Él. Por tanto, invita a realizar acciones que muestren un corazón transformado y agradecido con Dios.

Fornicación: Derivado del griego *porneía* que significa prostitución o inmoralidad sexual. Esta acción como todas las obras de maldad, es considerada pecado; sin embargo, esta acción en la Biblia es mencionada continuamente y más en el Antiguo Testamento, debido a que Dios calificaba al pueblo de Israel cuando se iban a adorar a los dioses paganos, como fornicario que dejaba lo santo y puro. La fornicación la practican las personas que tiene relaciones íntimas con alguien con quien no están casadas, y desde luego cuando una de las dos personas ya casadas tiende a irse con otras personas a vivir, o tener una relación íntima. Lo cual se llama adulterio. Tristemente la sociedad está llena de fornicación y adulterio.

Inmundicia o Avaricia: Los dos están tan íntimamente unidos que la palabra griega por "avaricia" *pleonexia* se usa frecuentemente en las Escrituras y en los antiguos griegos, para denotar pecados de impureza. El principio común es el anhelo de satisfacer los deseos carnales con objetos materiales que están fuera de la voluntad divina.

Palabras deshonestas, ni necedades: Proviene de la palabra griega, "torpeza" en toda forma, ya sea por medio de gestos o por palabras obscenas. Es decir, parlería de sonsos, (en el Sur de Texas, se usa mucho "sonseando") que es insensatez y aun puede ser pecado.

Ni truhanerías: ("ni palabras groseras" Revisión RVC) ligereza, o aptitud que se cambia y se adapta, sin cuestión de principios, a las circunstancias del momento, y a las disposiciones veleidosas de las personas con quienes tratamos. No bufonería grosera, sino charla o burla baladí, por la cual era célebre Éfeso y la cual, lejos de ser censurada, era y es considerada por el mundo como un cumplimiento placentero.

⇒ **Para meditar:** Las acciones que los miembros del cuerpo de Cristo realicen, debe ser agradables ante Dios. No todo lo que se hace es válido, no todo lo que se habla es correcto, por eso se debe cuidar mucho el comportamiento ante la familia, los amigos, los compañeros de trabajo y el pueblo de Dios.

> *5:6-12 Nadie os engañe con palabras vanas, porque por estas cosas viene la ira de Dios sobre los hijos de desobediencia. No seáis, pues, partícipes con ellos. Porque en otro tiempo erais tinieblas, mas ahora sois luz en el Señor; andad como hijos de luz (porque el fruto del Espíritu es en toda bondad, justicia y verdad), comprobando lo que es agradable al Señor. Y no participéis en las obras infructuosas de las tinieblas, sino más bien reprendedlas; porque vergonzoso es aun hablar de lo que ellos hacen en secreto.*

Las advertencias son bien claras una y otra vez. La manera de conducirse, de accionar y estar prevenidos, muestra el claro interés del apóstol Pablo por el cuidado moral y testimonio de los hermanos en Éfeso. El Apóstol les invita a tener cuidado de la gente que les da palabras huecas o vacías, para no practicarlas, ya que es ahí donde Dios no se agrada, y las consecuencias tarde o temprano vendrán.

Si alguien claramente sabe engañar es el enemigo y busca todas las formas para destruir. No participar de las obras de pecado es lo que más le agrada a Dios. ***Porque en otro tiempo erais tinieblas, mas ahora sois luz en el Señor,*** Pablo, como sembrador y edificador de las iglesias, se alegra también por ello.

Palabras vanas: La Biblia "Traducción en Lenguaje Actual" las menciona como "ideas tontas", dando a conocer que las palabras vanas, son ideas o mensajes vacíos que no llenan ni satisfacen el corazón del hombre redimido. Comparándolas con la Palabra de Dios que hace sabio al hombre.

Fruto del Espíritu: Esta expresión se compone de dos vocablos griegos; ***fruto***, del griego *karpós* que significa "resultar en beneficio"; y la palabra ***Espíritu,*** del griego *pneúma* que quiere decir "aliento o viento"; Ese fruto es el resultado del aliento en la vida del ser humano. Del mismo Espíritu Santo, en la vida de la persona, el cual, es una fuente inagotable de poder mencionada por el Señor Jesucristo, en los evangelios y prometida nuevamente en Hechos 1:8.

⇒ **Para meditar:** No todas las personas que hablan de Dios son reales o fidedignas, a veces ponen el nombre de Dios solo para atraer a las personas y después de eso les implementan su doctrina. Hay personas creyentes que no están bien cimentados en la fe y cuando vienen este tipo de personas les hacen salir de la práctica del Evangelio puro.

Es necesario que cada creyente tenga su cimiento solido en Cristo Jesús. Ahora somos llamado hijos de luz, porque antes el pecado o tinieblas era lo que nos daba a conocer. Pero ahora que somos hijos de luz, donde la obscuridad reinaba, ahora fulgura la luz de Cristo.

11no participéis en las obras infructuosas de las tinieblas, sino más bien reprendedlas; 12porque vergonzoso es aun hablar de lo que ellos hacen en secreto".

La Revisión RVC (Reina Valera Contemporánea) presenta estos versículos así"

"No tengan nada que ver con las obras infructuosas de las tinieblas, al contrario denúncienlas: ¡Hasta vergüenza de hablar de lo que ellos hacen en secreto!

El pasaje enseña claramente las acciones infructuosas de pecado y maldad que el ser humano tiende a cometer, contrastadas con la luz que ahora está en la vida de todos los que son de Cristo.

> 5:13-14 *"Mas todas las cosas, cuando son puestas en evidencia por la luz, son hechas manifiestas; porque la luz es lo que manifiesta todo. Por lo cual dice: Despiértate, tú que duermes, y levántate de los muertos, y te alumbrará Cristo".*

La luz da a conocer lo que hay en medio de la obscuridad; cuando la luz alumbra no hay nada que se esconda, ni las tinieblas más densas pueden llegar a opacarla. Esto es lo que Pablo el Apóstol, está enfatizando a la Iglesia de Éfeso, que todo lo que se realice se "pondrá de manifiesto" o "se dará a conocer".

El Apóstol usa las palabras parafraseadas de un pasaje muy importante en Isaías 60:1-2: *"Levántate, resplandece; porque ha venido tu luz, y la gloria de Jehová ha nacido sobre ti. Porque he aquí que tinieblas cubrirán la tierra, y oscuridad las naciones; mas sobre ti amanecerá Jehová, y sobre ti será vista su gloria".* Al entender estas palabras de Isaías, se reconoce que se estaba hablando de una profecía mesiánica cumplida por nuestro Señor Jesucristo.

"Despiértate, tu que duermes, y levántate de los muertos, y te alumbrará Cristo" Esta frase bíblica hace una invitación a despertar y levantarse, como alguien que está viviendo en una actitud

ociosa. Quien se atreva a levantarse de esta condición o manera de vivir, será alumbrado por Cristo. Una experiencia vivida por millones a través de los siglos.

⇒ **Para meditar:** Cristo es el único que puede alumbrar una vida que está en oscuridad y viviendo con una actitud negativa. Aquí se cumple la Palabra de Dios cuando dice en Juan 8:12 *"Otra vez Jesús les habló, diciendo: Yo soy la luz del mundo; el que me sigue, no andará en tinieblas, sino que tendrá la luz de la vida".* Bienaventurados los creyentes que son alumbrados por Cristo en todas las áreas de su vida.

<u>5:15-16</u> *"Mirad, pues, con diligencia cómo andéis, no como necios sino como sabios, aprovechando bien el tiempo, porque los días son malos".*

La palabra *diligencia* da entender que hay que mirar *cuidadosamente* y con mucha sabiduría la forma de cómo conducirse ante los demás. Además, el apóstol Pablo menciona un factor muy importante dentro de la mayordomía de la vida de un ser humano; este es el TIEMPO. La palabra tiempo puede provenir de los vocablos griegos <u>*chronos* y *kairos.*</u>

Kairos significa: *algo fijo o apropiado;* que viene de parte de Dios, en el tiempo de Dios, para cumplirse en un acontecimiento o en una persona; distinto al tiempo *chronos*, que es designado por el hombre para medir las acciones en su vida personal y particular (ver Romanos Cap. 13, en este Comentario BICAD).

"porque los días son malos". Una frase atemporal, pudiera decirse, porque los días eran malos en ese tiempo, y lo son ahora. Es decir, que los días deben aprovecharse, para que no se tornen en negativos, y nos llenen de temor. Bien lo dijo el salmista: *"Por qué he de temer en los días de adversidad, cuando la iniquidad de mis opresores me rodeare?* En otras palabras, luchar porque nos afecten lo menos.

> *5:17-20 "Por tanto, no seáis insensatos, sino entendidos de cuál sea la voluntad del Señor. No os embriaguéis con vino, en lo cual hay disolución; antes bien sed llenos del Espíritu, hablando entre vosotros con salmos, con himnos y cánticos espirituales, cantando y alabando al Señor en vuestros corazones; dando siempre gracias por todo al Dios y Padre, en el nombre de nuestro Señor Jesucristo"*

El Apóstol menciona ciertas acciones que los hermanos de esta iglesia, y de todas, tenían que evitar y que antes practicaban. En esta época la cultura griega era tan fuerte que influenciaba gran parte de las costumbres diarias; como se sabe tenían dioses a los que les rendían culto diariamente. Uno de ellos era Baco, el dios del vino (llamado Dionisio por los romanos), de allí, la costumbre de calificar como fiestas "bacanales", a aquellas en donde el vino "corre como agua", originando que se practiquen toda clase de excesos. En la cultura de esos pueblos, cuando se embriagaban y empezaban a balbucear o expresar tonterías, decían que el espíritu de Dionisio los había tomado y estaba dentro de ellos.

<u>Una meditación muy importante:</u> ¿Por qué Pablo, establece un contraste entre una práctica pagana, deleznable, y la obra maravillosa y deseable del Espíritu Santo?, sencillamente, <u>por sus efectos.</u>

Cuando una persona esta embriagada, no es dueña de sí misma. Habla incoherencias que no se entienden, está transformada, aunque sea en forma temporal. En contrate, aunque se oiga mal, pero el Apóstol lo dijo, la persona que está llena del Espíritu Santo, no es dueña de sí misma, está embriagada y no quiere saber de nada más, que hablar *con salmos, con himnos y cánticos espirituales, cantando y alabando al Señor en vuestros corazones; dando siempre gracias por todo".* Por eso la vida de las personas consagradas se manifiesta en esa forma y a veces no es entendida, aún por los mismos creyentes.

"Dando siempre gracias por todo al Dios y Padre, en el nombre de nuestro Señor Jesucristo".

No es una actitud que se desarrolle pronto o fácilmente, pero es un sello del cristiano maduro, que ha aprendido a "capear todos los temporales", como se dice; y que muestra que la salud mental se fortalece, cuando hay salud espiritual. En la primera carta a los Tesalonicenses 5:16-19, Pablo se explaya: *"Estad siempre gozosos, orad sin cesar,* **dad gracias en todo,** *porque esta es la voluntad de Dios para con vosotros en Cristo Jesús, no apaguéis al Espíritu".*

Es decir, dar gracias, en los tiempos de las vacas gordas y de las vacas flacas, en gozo o tristeza; en salud o enfermedad; en riqueza o pobreza. Esta actitud permanente se va a recalcar mucho, en el siguiente pasaje sobre el matrimonio.

05
EFESIOS 5:21-33

5:21 Someteos unos a otros en el temor de Dios.

LA MUTUA SUMISIÓN
EFESIOS 5:21-33

Se debe enfatizar que toda esta sección de sumisión mutua, se aborda en el resto del capítulo y sigue hasta Efesios 6:9; enfocando relaciones mucho muy importantes, como son:

- las que se deben dar entre esposos,
- entre los padres y los hijos,
- entre los patrones y los sirvientes;
- es decir, en el hogar y en el trabajo. Todo en el temor de Dios.

5:22-24 "Las casadas estén sujetas a sus propios maridos, como al Señor; porque el marido es cabeza de la mujer, así como Cristo es cabeza de la iglesia, la cual es su cuerpo, y él es su Salvador. Así que, como la iglesia está sujeta a Cristo, así también las casadas lo estén a sus maridos en todo".

El estar bajo autoridad o sumisión se ubica en el área más importante del hogar, como es la relación entre esposo y esposa. Al parecer la iglesia de Éfeso estaba pasando por una falta de obediencia o respeto mutuo en los hogares y esto estaba presentando un mal testimonio ante los creyentes piadosos y ante familias y gente de fuera, un pueblo pagano con muchas deidades, principalmente la diosa Afrodita, diosa del amor y la sensualidad, al igual que el Eros griego, equivalente al Cupido entre los romanos, dios de la fertilidad y el deseo amoroso.

Desde luego que los consejos paulinos trascienden a las edades.

<u>Un primer argumento:</u> *"las casadas estén sujetas a sus propios maridos, como al Señor".* Si la esposa es cristiana y reconoce el señorío de Cristo, habiéndose sujetado a Él, con facilidad puede sujetarse a su marido.

<u>Un segundo argumento:</u> *"porque el marido es cabeza de la mujer, así como Cristo es cabeza de la iglesia".* El marido debe reconocerse como la autoridad en el hogar. En un hogar debe haber una cabeza. En la iglesia hay una cabeza, que se ha aceptado por los creyentes serios, sin ninguna objeción, Cristo el Señor.

<u>Conclusión:</u> *Así que, como la iglesia está sujeta a Cristo, así también las casadas lo estén a sus maridos en todo".*

⇒ **Para meditar:** ciertamente los tiempos han cambiado y las normas fijadas en la jurisprudencia de los países pueden quitarle fuerza a ese orden establecido por Dios, sin embargo, lo dicho en el segundo argumento es valedero para todo grupo social o empresa: siempre debe haber un número uno, un jefe, un director, un presidente, una cabeza. Y la familia, que se compone idealmente de dos padres, más los hijos, necesita una cabeza; Dios ordenó que fuera el hombre. La gran mayoría de los divorcios son reflejo de esa alteración.

Los movimientos feministas han llenado el mundo de hogares destruidos. Hablar de la sujeción al marido, no quiere decir que la esposa deba soportar golpes o mutilaciones que su pareja le pudiera llegar a hacer. Sino que la sujeción debe ser "motivada" por el esposo que le da todo su lugar a la mujer, reconociendo y valorando las importantes cualidades que posee la pareja que escogió. Cuando esto ocurre, nace el respeto y la sujeción. Si la esposa cristiana cumple con esta orden de parte de Dios puede llegar a causar gran impacto en el resto de la familia y amigos que no se han convertido al Señor. El Apóstol Pedro lo dijo en esta cláusula: *"Estad sujetas a vuestros maridos, para que también los que no creen a la palabra, sean ganados sin palabra por la conducta de sus esposas, considerando vuestra conducta casta y respetuosa"* (1 P 3:1,2).

> *5:25-30 "Maridos, amad a vuestras mujeres, así como Cristo amó a la iglesia, y se entregó a sí mismo por ella, para santificarla, habiéndola purificado en el lavamiento del agua por la palabra, a fin de presentársela a sí mismo, una iglesia gloriosa, que no tuviese mancha ni arruga ni cosa semejante, sino que fuese santa y sin mancha. Así también los maridos deben amar a sus mujeres como a sus mismos cuerpos. El que ama a su mujer, a sí mismo se ama. Porque nadie aborreció jamás a su propia carne, sino que la sustenta y la cuida, como también Cristo a la iglesia, porque somos miembros de su cuerpo, de su carne y de sus huesos".*

⇒ **Para meditar:** Es muy interesante recalcar las actitudes, que la Palabra apostólica demanda en esta hermosa sección, que normalmente usan los ministros cuando ofician un matrimonio.

º A la mujer se le pide que se sujete al marido.
º Al hombre se le pide que ame a su mujer. 4 veces se mencionan inflexiones del verbo amar. La palabra amor proviene del vocablo griego *agapao,* que significa amar o amada; esto es, entender que el amor debe ser puro y sincero para su esposa.
º A la mujer no se le pide que ame, puesto que es parte de su naturaleza, de la sensibilidad con la que Dios le dotó.
º Al hombre casi se le ordena que ame a su esposa. El Apóstol muestra el ejemplo del amor sacrificial de Jesús, hacia la iglesia, que es su cuerpo, para que fuera **una iglesia gloriosa, que no tuviese mancha ni arruga ni cosa semejante, sino que fuese santa y sin mancha.** Como un fuerte ejemplo, para que el marido ame a su esposa como a su mismo cuerpo.

29-30 "Porque nadie aborreció jamás a su propia carne, sino que la sustenta y la cuida, como también Cristo a la iglesia, ³⁰porque somos miembros de su cuerpo, de su carne y de sus huesos"

.Amar a la esposa es entregarse por completo, no para recibir nada a cambio, sino para hacerla feliz. El amor llevará a cuidarla y protegerla, porque la razón poderosa es que son una sola carne; y nadie puede aborrecer su propia carne. Los matrimonios son parte del plan de Dios, por lo que el enemigo tratará de dañar la obra de Dios y en el presente tiempo es innegable esa influencia maléfica.

La pornografía, el feminismo, el machismo, los grupos LGBTQ y los matrimonios del mismo sexo, afectan el Plan original de Dios. Y a todo lo anterior se une la misma inclinación de los gobiernos que protegen desmedidamente a las madres solteras, con programas de protección social que les brindan casa con bajas mensualidades y auxilio para pagar los servicios básicos. Queriendo ayudar han hecho mucho daño, pues han fomentado que aún las mujeres tengan hijos de varios hombres, sabiendo que el gobierno los sostendrá en variadas formas directas e indirectas.

> *5:31,32 "Por esto dejará el hombre a su padre y a su madre, y se unirá a su mujer, y los dos serán una sola carne. Grande es este misterio; mas yo digo esto respecto de Cristo y de la iglesia".*

Pablo, en esta Carta, como lo hizo antes el Señor Jesucristo en el relato de Mateo 19:5 ante los fariseos, se remonta al Génesis para darle todo el respaldo al relato de la creación, recordando la alegría que el Padre Celestial experimentó, cuando escuchó a Adán su primera criatura, al contemplar a su bella esposa, declarar: *"Esto es ahora hueso de mis huesos y carne de mi carne; ésta será llamada Varona, porque del varón fue tomada"* (Gn 2:23) (Otras versiones dicen "<u>Esto</u> es ahora", por "<u>Ésta</u> es ahora", para hace más justicia a la mujer).

> *5:33 Por lo demás, cada uno de vosotros ame también a su mujer como a sí mismo; y la mujer respete a su marido".*

Nota doctrinal:

- <u>La pregunta:</u> ¿Por qué el Apóstol da este gran paso, de haber estado disertando sobre el hombre y la mujer, en una relación de matrimonio, para remontarse en el tiempo, hasta la primera pareja, y esperar que sean una sola carne?
- <u>La respuesta:</u> Porque estaba hablando de un misterio; "del gran misterio" referente a la especial unión espiritual de Cristo y su iglesia. "Del matrimonio espiritual", que ocurrió cuando Cristo dejó al Padre para unirse a una esposa, la iglesia. En el matrimonio natural, el esposo y la esposa aportan los elementos que caracterizan a cada sexo, para hacer una pareja completa. Así Cristo, Dios hecho hombre, desposa a la iglesia, para hacerla su cuerpo. Se convierte en su cabeza, así como el esposo es la cabeza de la esposa.

Un día ocurrirá una unión plena, como lo describe Apocalipsis 19:7,8 *"Gocémonos y alegrémonos y démosle gloria; porque han llegado las bodas del Cordero, y su esposa se ha preparada. Y a ella se le ha concedido que se vista de lino fino, limpio y resplandeciente; porque el lino fino es las acciones justas de los santos".*

El Apóstol deja bien cimentado el aspecto espiritual, con lo antes dicho, y termina recalcando:

- El amor del hombre hacia su mujer.
- La sujeción de la mujer hacia el hombre.

<u>Referencias:</u> Comentario Exegético y Explicativo de la Biblia, por Jamiesson, Fausset y Brown, Editorial Mundo Hispano Pgs.463-489.

PREGUNTAS DEDUCTIVAS

1.- ¿Qué implica la frase «sed imitadores de Dios»? (v.1)

2.- ¿Por qué al cristiano se le ordena no mencionar ni a conversar en relación a la fornicación, a toda inmundicia, o al amor al dinero (avaricia)?

3.- ¿De qué manera es distinto el juicio de Dios aplicado sobre los incrédulos que el aplicado con sus hijos?

4.- ¿Cómo el cristiano comprueba lo que es agradable al Señor?

5.- ¿Cuáles son las ordenes de Dios (mediante el Apóstol) que usted puede observar en Efesios 5:6-11?

6.- ¿Qué tiene que ver el hecho de que la luz de Dios lo manifiesta todo, con la exhortación a levantarse de los muertos?

7.- Explique la gran importancia que Dios da al testimonio personal.

8.- ¿Qué es lo que quiere decir Pablo con *«porque los días son malos»*?

9.- ¿Cuál es la naturaleza de los cánticos que hemos de elevar a Dios según Efesios 5:19? ¿Cuál es la actitud inherente a fin de que sean agradables a Dios?

10.- ¿Qué tiene que ver la acción de gracias en toda circunstancia con la madurez cristiana?

11.- ¿De qué manera específica dice el Apóstol que deben las esposas sujetarse a sus maridos?

12.- ¿De qué manera deben amar los esposos a sus esposas?

13.- ¿Cuál es la premisa presentada por Pablo en Efesios 5:29, fijando la razón por qué el amor debe imperar en la unión matrimonial?

PREGUNTAS INDUCTIVAS

1.- ¿En qué sentido el cristiano debe de «entregarse» a los demás como Cristo mismo se entregó?

2.- Defina ampliamente las palabras fornicario, inmundo, avaro e idólatra mencionadas por Pablo para definir a personas que no entrarán al cielo, aplique esto a su vida personal.

3.- ¿Tiene Dios hijos desobedientes? ¿Qué dice el texto bíblico que sucede con los que viven en desobediencia? (v.5).

4.- ¿Cómo es que usted ha comprobado que antes andaba en tinieblas más ahora en luz? (Conteste esta pregunta con su testimonio personal).

5.- ¿Qué dice la Biblia en relación a la defensa de la fe y la denuncia de las acciones inmorales y pecaminosas? ¿Cómo es que esto es visto en nuestros días como una falta de respeto social?

6.- ¿Qué tiene que ver la actitud pasiva con la pecaminosidad?

7.- ¿Qué entiende usted por «aprovechar el tiempo»?

8.- ¿De qué maneras se asemeja la embriaguez con el vino físico con la llenura del Espíritu Santo? ¿Qué contrastes se señalan?

9.- ¿Qué diferencia existe respecto a la autoridad que el marido debe sustentar en el hogar y la idea mundana del machismo?

10.- ¿Señale varias implicaciones envueltas en la explicación de Efesios 5:30? por ejemplo, ¿Qué implicación tiene este versículo con la sanidad divina?

11.- ¿Por qué el apóstol Pablo llama «un gran misterio» a la unión matrimonial?

TRABAJOS OPTATIVOS

1.- Encuentre las listas de pecados que se mencionan en el Nuevo Testamento y trate de definir cada una de esas palabras usando un lexicón.

2.- Escriba una monografía, en relación a cómo los cristianos podrían estar participando en la corriente pecaminosa del mundo de una manera sutil. Utilice ejemplos concretos e investigue sobre casos que le sirvan de soporte. Contraste estos comportamientos con lo que dice la Biblia al respecto.

3.- Haga un estudio exhaustivo de la diligencia en relación con la santidad en la Biblia. Utilice ejemplos bíblicos para sustentar sus conclusiones.

4.- Realice una monografía respecto a la administración del tiempo.

5.- Escriba una monografía respecto al feminismo, y a lo destructivo que esta filosofía satánica ha resultado ser para la familia, y a su relación con la homosexualidad.

EFESIOS 6:1-9

6:1-4 Hijos, obedeced en el Señor a vuestros padres, porque esto es justo. Honra a tu padre y a tu madre, que es el primer mandamiento con promesa; para que te vaya bien, y seas de larga vida sobre la tierra. Y vosotros, padres, no provoquéis a ira a vuestros hijos, sino criadlos en disciplina y amonestación del Señor.

CONTINUACIÓN... SOBRE LA MUTUA SUMISIÓN

EFESIOS 6:1-9

Introducción: ya en el capítulo cinco el Apóstol Pablo estableció fuertes bases para el correcto trato entre los esposos; ahora aborda una prolongación natural: la forma en que deben tratar los hijos a sus padres, mencionando una muy bendecida promesa y desde luego, cómo los padres deben educar a los hijos. Dedica luego cinco versículos para dar instrucciones muy importantes entre las correctas relaciones obreros-patronales, como se diría hoy (en ese tiempo amos-siervos).

"Hijos, obedeced en el Señor a vuestros padres, porque esto es justo". La RVC, (Reina Valera Contemporánea) lo dice así: *"Hijos, obedezcan a sus padres en el nombre del Señor, porque esto es justo".* Cobra una nueva dimensión la cláusula, es una orden.

Se les ordena a los hijos obedecer a sus padres, es decir, escucharlos con atención, someterse a ellos con amor y obedecerlos en todo tiempo. Dicha obediencia debe ser muestra no solo del amor que les tienen a los padres, sino también del respeto que se le debe tener al Señor.

La razón por la que se debe obedecer a los padres es porque *"esto es justo"* y "agrada al Señor", agrega el Apóstol, al escribir a los Colosenses (Col 3:20).

Honra a tu padre y a tu madre, que es el primer mandamiento con promesa; para que te vaya bien, y seas de larga vida sobre la tierra.

Los 10 mandamientos que aparecen en Éxodo 20 y Deuteronomio 5, incluyen el importante quinto mandamiento: *"Honra a tu padre y a tu madre, como Jehová tu Dios te ha mandado, para que sean prolongados tus días (para que tus días se alarguen dice en Ex 20:12) y para que te vaya bien sobre la tierra que Jehová tu Dios te da"* (Dt 5:16)

El Apóstol bien dice: *"es el primer mandamiento con promesa".* Honrar significa amar, tener en alta estima o valor, mostrar respeto. Y los hijos honran a sus padres cuando los obedecen.

Es interesante recalcar, que la segunda parte de los 10 mandamientos, la que tiene que ver con la relación del individuo con sus semejantes o prójimos, se inicie con esta importante indicación de obediencia y amor hacia los padres.

⇒ **Para meditar:** A lo largo de toda la Biblia notamos que la obediencia a los principios establecidos por Dios trae bendición a quienes los practican. La cultura de nuestros tiempos, es una actualización de la profecía dada por Pablo a Timoteo (2 Ti 3:1-3) *"También debes saber esto: que en los postreros días vendrán tiempos peligrosos. Porque habrá hombres amadores de sí mismos...blasfemos, desobedientes a los padres, ingratos... sin afecto natural... crueles, aborrecedores de lo bueno".* ¡Cuántas de estas características detestables las muestran muchos hijos para con sus padres! Demos gracias por el evangelio regenerador que permite disfrutar en la gran mayoría de los hogares cristianos, un ambiente distinto. Y si así no fuera, ¡hay respuesta a la oración de los padres piadosos!

"Y vosotros, padres, no provoquéis a ira a vuestros hijos, sino criadlos en disciplina y amonestación del Señor".

La versión RVC lo dice así *"Ustedes, los padres no exasperen a sus hijos, sino edúquenlos en la disciplina y la instrucción del Señor".*

Después de tratar con los hijos, ahora el Apóstol se dirige a los padres, y el consejo que les da aquí, lo repite a los Colosenses diciendo: *"Padres, no exasperéis a vuestros hijos, para que no se desalienten"* (Col 3:21). El trato que los padres den a los hijos no debe producir ira en ellos, no deben irritarlos con sus palabras, no deben provocar que se enfurezcan. Más bien, **"criadlos en disciplina y amonestación del Señor".** La palabra disciplina del griego *paideia,* denota la formación dada a un niño, con sus sinónimos: instrucción, disciplina, corrección. Sugiriendo la disciplina cristiana que regula el carácter.[2]

Entonces la disciplina se relaciona con todas aquellas normas o principios que le dan forma al carácter de una persona. Esto significa que los padres tienen la responsabilidad de educar a sus hijos considerando los principios establecidos en la Palabra del Señor y no como lo hacen muchos padres de la época actual, *"Y aquéllos, ciertamente por pocos días nos disciplinaban como a ellos les parecía..."* (Heb 12:10).

Por otro lado, también se aconseja a los padres amonestar a los hijos. La palabra amonestación proviene del griego *nouthesia* y es la «instrucción de palabra», tanto si es de aliento

Nota histórica: La educación religiosa de la familia vino a ser, como lo sigue siendo, algo sumamente importante dentro del judaísmo. Era una obligación de los judíos enseñar a los hijos los mandamientos de la ley, instruirlos en ella y explicarles su significado. *"Y estas palabras que yo te mando hoy, estarán sobre tu corazón; y las repetirás a tus hijos, y hablarás de ellas estando en tu casa, y andando por el camino, y al acostarte, y cuando te levantes"* (Dt 6:6,7).

como, en caso necesario, de reprensión o reproche.³ Los padres no deben relacionar la amonestación únicamente con el castigo, más bien deben considerar el formar a los hijos por medio de la palabra hablada, por el consejo.

Era una responsabilidad de los abuelos supervisar que sus hijos, cumplieran con todo lo establecido en la Torah, respecto a sus propios hijos.

Esta disciplina en los hogares hebreos ha contribuido a la permanencia de ellos en la historia de casi 3500 años.

Nota de carácter ético: Los padres deben considerar que es sumamente importante enseñar y explicar a los hijos los principios que Dios ha establecido en su Palabra, pues estos influirán en la formación de su carácter, además de ser la base de la educación en los hogares. Recordar que Biblia es la palabra inspirada por Dios, la base en la que nuestra fe se sostiene, pero además la norma que rige o determina nuestra buena conducta. *"Toda la Escritura es inspirada por Dios, y útil para enseñar, para redargüir, para corregir, para instruir en justicia, a fin de que el hombre de Dios sea perfecto, enteramente preparado para toda buena obra"* (2 Ti 3:16,17).

⇒ **Para meditar:** ¿A quién le estamos dejando la responsabilidad de educar a nuestros hijos? ¿Cómo es la educación que estamos brindando en nuestro hogar? La responsabilidad es únicamente de los padres, son ellos quienes mediante la Palabra de Dios deben disciplinar a sus hijos, pero además amonestarlos, brindándoles un consejo o una palabra de corrección. *"El que detiene el castigo, a su hijo aborrece; Mas el que lo ama, desde temprano lo corrige"* (Pr 13:24). A veces, algunos padres creen que la escuela pública realizará esa función. Tristemente, la escuela tan sólo informa en esta área tan importante.

> <u>6:5-9</u> *"Siervos, obedeced a vuestros amos terrenales con temor y temblor, con sencillez de vuestro corazón, como a Cristo; no sirviendo al ojo, como los que quieren agradar a los hombres, sino como siervos de Cristo, de corazón haciendo la voluntad de Dios; sirviendo de buena voluntad, como al Señor y no a los hombres, sabiendo que el bien que cada uno hiciere, ése recibirá del Señor, sea siervo o sea libre. Y vosotros, amos, haced con ellos lo mismo, dejando las amenazas, sabiendo que el Señor de ellos y vuestro está en los cielos, y que para él no hay acepción de personas".*

Ahora el Apóstol Pablo se dirige a los siervos, a quienes les pide que obedezcan a sus amos, así como los hijos deben hacerlo con sus padres; y que lo hagan con respeto y sinceridad, mostrándose leales a ellos.

Pablo les pide que se sujeten a sus amos, así como se sujetan y obedecen a Cristo. Que sirvan aun cuando su amo no los esté observando, como lo hacen los que solo pretenden agradar a los hombres, sino que de todo corazón hagan la voluntad del Señor. La versión RVC menciona el 6:6, así: *"No actúen así sólo cuando los estén mirando, como los que quieren agradar a la gente".*

Les aconseja que su servicio sea de buena voluntad y no por obligación, entendiendo que dependiendo de cómo haya sido su servicio así será la recompensa que recibirán de parte del Señor. *"sabiendo que del Señor recibiréis la recompensa de la herencia, porque a Cristo el Señor servís"* (Col 3:24).

Después de dirigirse a los siervos, cambia su enfoque hacia los amos, puesto que ellos también tienen responsabilidades con sus siervos, les pide que se conduzcan de la misma forma en que les pide a los siervos o esclavos que lo hagan con ellos. Pablo está pidiendo que dejen las amenazas, y que haya un trato igualitario entre ellos, pues ambos están en la misma posición delante del Señor, tanto los unos como los otros tienen un mismo Señor, un mismo Dios que desde los cielos está observándoles, ambos son hijos de Dios, y para Él no hay acepción de personas.

Nota histórica: La esclavitud prevalecía en esa época, los hombres, mujeres y niños eran vendidos y llegaban a ser propiedad de quien los compraba. Ese tiempo se caracterizó por la humillación, brutalidad y abusos, tanto de parte de los amos como de los esclavos. Éstos se ocupaban de los quehaceres domésticos, de la actividad agrícola, de la industria incipiente, y de remar en las galeras o navíos de guerra. Como se sabe, había varias categorías; los más bajos eran "los huperetes", que cuando había guerra, eran atados con cadenas remando en la parte baja de los barcos. Pablo se llama a sí mismo huperete, cuando se califica como siervo. En la Inglaterra de los 1800s, la mitad de los habitantes eran siervos, fueran blancos o morenos, y trabajaban para algún noble. En los Estados Unidos hasta 1865, la raza negra obtuvo su libertad de la esclavitud. Debe decirse que muchos de los amos blancos eran cristianos que obedecían a Efesios 6:9 RVC: *"ustedes, los amos hagan lo mismo con sus siervos. Ya no los amenacen. Como saben, el Señor de ellos y de ustedes está en los cielos, y él no hace acepción de personas"*

Cuando Abraham Lincoln decretó la abolición de la esclavitud, un buen número no se quiso ir de sus fincas, pues eran bien tratados.

Nota de carácter ético. El jefe o patrón no debe abusar de su posición o autoridad con sus empleados o trabajadores, ni los trabajadores deben abusar. Siempre mostrar buen trato y respeto, ambos deben estar sujetos el uno al otro, así como lo están a Cristo. *"Así que, todas las cosas que queráis que los hombres hagan con vosotros, así también haced vosotros con ellos"* (Mt 7:12). Las Constituciones de los países con sus respectivas reglamentaciones, han regulado mucho el trato que se les debe dar a los trabajadores, pagándoles justamente y limitando el número de horas y días de trabajo.

---

[2] W. E. Vine. Diccionario expositivo de palabras del Antiguo y del Nuevo Testamento Exhaustivo. Editorial Caribe, 1999. G3809.

[3] Ibid. G3559.

06
EFESIOS 6:10-20

6:10-13 Por lo demás, hermanos míos, fortaleceos en el Señor, y en el poder de su fuerza. Vestíos de toda la armadura de Dios, para que podáis estar firmes contra las asechanzas del diablo.

LA ARMADURA DE DIOS
EFESIOS 6:10-20

Porque no tenemos lucha contra sangre y carne, sino contra principados, contra potestades, contra los gobernadores de las tinieblas de este siglo, contra huestes espirituales de maldad en las regiones celestes. Por tanto, tomad toda la armadura de Dios, para que podáis resistir en el día malo, y habiendo acabado todo, estar firmes.

Antes de concluir su carta, el Apóstol Pablo pide a los efesios: **"*fortaleceos en el Señor, y en el poder de su fuerza*".** Con esto, se está diciendo que el creyente por sí solo no tiene la capacidad necesaria para resistir la lucha contra el diablo, por lo que es indispensable que busque la fuerza del Señor, pues Él es la fuente que da poder al cristiano. *"No con ejército, ni con fuerza, sino con mi Espíritu, ha dicho Jehová de los ejércitos"* (Zacarías 4:6).

Pablo está consciente que en su caminar cristiano los efesios enfrentarían dificultades levantadas por el enemigo, y tal vez muchas de éstas podrían apagar el deseo de seguir adelante sirviendo al Señor. Una unión fuerte con el Señor les ayudaría a continuar con su llamado y por ello deberían tener claros los recursos con los que contaban.

La resurrección de Jesucristo fue la prueba más grande de que el poder de Dios estaba presente. Ya que trajo consigo seguridad y plenitud a la vida de toda persona que se había acercado a Él, logrando creyentes con plena certidumbre de su poder. El ejemplo de Pablo estaba siempre presente: recorrer grandes distancias predicando el evangelio a toda criatura, con su existencia en constante riesgo; pasando necesidades como nadie y tratando de *"agradar a aquel que lo había tomado como soldado",* portador de un poderoso mensaje de salvación.

"Vestíos de toda la armadura de Dios, para que podáis estar firmes contra las asechanzas del diablo". sabiendo por experiencia el Apóstol, que el enemigo está siempre al acecho del creyente. El Apóstol Pedro le llama: *"vuestro adversario el diablo, como león rugiente, anda alrededor buscando almas a quien devorar* (1 Pedro 5:8), y que éste debe permanecer de pie, firme ante cualquier ataque, por lo que está a su disposición una armadura espiritual.

"Porque no tenemos lucha contra sangre y carne, sino contra principados, contra potestades, contra los gobernadores de las tinieblas de este siglo, contra huestes espirituales de maldad en las regiones celestes. La lucha a la que el creyente se enfrenta no es una de cuerpo a cuerpo, es una espiritual; se enfrenta a poderes, autoridades, dirigentes de las tinieblas en este mundo, contra un ejército de fuerzas malignas en las regiones celestes.

Considerando la dimensión de la lucha que enfrenta el cristiano, Pablo los exhorta a tomar la armadura que Dios le ha provisto para que puedan resistir en la batalla y aun cuando parezca que ya ha terminado todo, sigan manteniéndose firmes y alertas para cualquier otro ataque de su enemigo.

⇒ **Para meditar:** ¿Cuántas veces nos hemos encontrado en una batalla y nos hemos apoyado en nuestras fuerzas? ¿Cuántas veces hemos querido obtener la victoria, pero sin considerar al Señor? Por sí solos nunca podremos vencer, pero con la ayuda y la fuerza que tenemos del Señor podemos obtener la victoria en cualquier situación que enfrentemos. Jesús dijo: *"separados de mí nada podéis hacer"* (Jn 15:5). Todo esfuerzo que hagamos será inútil si no ponemos en primer lugar a nuestro Dios, ya que las principales luchas se dan en el terreno espiritual. El apóstol afirma: *"Porque las armas de nuestra milicia no son carnales, sino poderosas en Dios para la destrucción de fortalezas"* (2 Co 10:4).

> <u>6:14-17</u> *Estad, pues, firmes, ceñidos vuestros lomos con la verdad, y vestidos con la coraza de justicia, y calzados los pies con el apresto del evangelio de la paz. Sobre todo, tomad el escudo de la fe, con que podáis apagar todos los dardos de fuego del maligno. Y tomad el yelmo de la salvación, y la espada del Espíritu, que es la palabra de Dios;*

A continuación, el apóstol hace referencia a las armaduras que usaban los soldados romanos, como un modelo para describir aquella armadura que debe portar el creyente en sus luchas diarias.

- *"ceñidos vuestros lomos con la verdad".* El soldado debía fajarse bien, con un cinto ancho de cuero que servía para ajustarse la túnica y poder sostener la vaina que portaba la espada. De igual forma, "el cinturón de la verdad" representa la integridad que debe mostrar el creyente en su vida diaria. El cristiano debe ser reconocido como una persona que siempre dice la verdad. Y por ello, el mensaje que comparta va a ser aceptado por su familia, por los conocidos, por los compañeros del trabajo y desde allí en cualquier púlpito.

- *"vestidos con la coraza de justicia".* La coraza era un cuero revestido de metal que protegía el pecho del soldado (el corazón, los pulmones) en las batallas. De igual manera, la coraza de justicia, que es la justicia de Dios, declara justo al pecador arrepentido y éste se deleita permanentemente en su nueva vida. Cuando el acusador, el diablo, pretende descalificar al creyente haciéndole sentir culpable, la coraza de justicia ganada por Cristo bloquea toda acusación.

- *"calzados los pies con el apresto del evangelio de la paz".* El soldado necesitaba moverse fácilmente, por lo que llevaba unas sandalias de cuero sujetadas en los tobillos que le hacían rápido y ágil. De igual forma, el creyente debe estar siempre preparado para llevar el evangelio de la paz y del perdón, con prestancia.

- *"el escudo de la fe".* El escudo del soldado estaba hecho de madera, cubierto de cuero, grande y liviano para que pudiera ser usado fácilmente. Servía para detener los dardos o flechas que lanzaba el enemigo. De la misma manera, el escudo de la fe le sirve al creyente para detener los ataques del diablo, para evitar que sus dardos de fuego le dañen, provocando desánimo o incertidumbre. La fe, le da seguridad en las batallas diarias.

- *"el yelmo de la salvación".* El casco protege la cabeza del soldado. Los pensamientos del creyente, son blindados para que no den cabida a ideas nocivas, perversas, malignas o libidinosas, que afecten su comunión permanente con el Señor; incluso hacerlo dudar de su salvación. Las dudas pueden llevar a perder batallas diarias que debiliten la nueva vida en Cristo. Pablo le advierte a Timoteo: *"guarda lo que se te ha encomendado, evitando las profanas pláticas sobre cosas vanas, y los argumentos de la falsamente llamada ciencia, la cual profesando algunos, se desviaron de la fe"* (1 Tim 6:20,21).

- *"la espada del Espíritu".* Esta es la Palabra de Dios. Esta arma es ofensiva. Jesús mismo la utilizó cuando en el desierto fue tentado por el diablo (Mt 4:1-11) y con ella lo venció. El creyente necesita conocer la Palabra de Dios, disfrutarla, memorizarla, haciéndola parte de su menú diario, para estar en condiciones de presentar batalla contra todo aquel que demande razón de la esperanza que hay en él.

> *6:18-20 orando en todo tiempo con toda oración y súplica en el Espíritu, y velando en ello con toda perseverancia y súplica por todos los santos; y por mí, a fin de que al abrir mi boca me sea dada palabra para dar a conocer con denuedo el misterio del evangelio, por el cual soy embajador en cadenas; que con denuedo hable de él, como debo hablar.*

Pablo finaliza este tema de la armadura de Dios haciendo mención, a un aspecto de la vida del creyente que es sumamente importante: *la oración.* Esta se convierte en un arma muy poderosa en la lucha espiritual que el cristiano enfrenta diariamente. Refiere que la oración debe ser *"en todo tiempo",* no sólo cuando se está enfrentando alguna lucha, sino como un hábito diario.

La oración debe hacerse en el Espíritu, pues es Él quien ayuda al creyente a pedir como de verdad conviene, conforme a la voluntad de Dios (Ro 8:26) y no conforme a sus propios deseos. El creyente debe perseverar en la oración y ser constante en ella (Ro 12:12), no debe dejar de orar (1 Ts 5:17) por sí mismo, **por todos los santos,** "*Y por mí ",* dice el Apóstol representando a todos los predicadores.

"velando en ello con toda perseverancia", trayendo a la memoria aquellas palabras del Señor Jesucristo *"Velad y orad, para que no entréis en tentación; el espíritu a la verdad está dispuesto, pero la carne es débil"* (Mt 26:41). Pablo sabía bien que debían luchar día a día con su misma carne para lograr la victoria *"sobre todo lo que hay en el mundo, los deseos de la carne, los deseos de los ojos, y la vanagloria de la vida"* (1 Jn 2:16).

⇒ **Para meditar:** ¿Cuántas veces hemos salido a la batalla sin la armadura y hemos confiado en nuestras propias armas? La palabra de Dios nos exhorta como soldados de Cristo, a vestirnos de la armadura que nos ha provisto **ceñidos con la verdad, vestidos con la justicia, calzados con el evangelio de la paz, el escudo de la fe, el yelmo de la salvación y la espada del Espíritu.**

06
EFESIOS 6:21-24

6:21,22 Para que también vosotros sepáis mis asuntos, y lo que hago, todo os lo hará saber Tíquico, hermano amado y fiel ministro en el Señor, el cual envié a vosotros para esto mismo, para que sepáis lo tocante a nosotros, y que consuele vuestros corazones.

SALUTACIONES FINALES
EFESIOS 6:21-24

La iglesia sabía que el apóstol estaba preso y por lo tanto estaban preocupados por su situación. Así que Pablo concluye su epístola haciéndoles saber cómo se encuentra y qué está haciendo, por medio del hermano Tíquico (2 Ti 4:12), a quién considera un **_"hermano amado"_** en Cristo.

Tíquico junto a otros colaboradores de Pablo, lo acompañó en sus viajes misioneros (Hch 20:4-6). Y al igual que Epafrodito (Fil 2:25), era un mensajero de toda la confianza del Apóstol para llevar noticias de su persona, sus trascendentales cartas y consolar sus corazones. Por ello lo llama **_"fiel ministro en el Señor"_**, respaldando su vida íntegra, llevando un ministerio ejemplar que debía ser bien recibido por los hermanos efesios.

⇒ **Para meditar:** Que tan importante es contar dentro del equipo de trabajo de la iglesia, con colaboradores como Tíquico; que hagan olvidar a los que se apartan del Señor, como Demas, quien prefirió amar a este mundo y alejarse del Señor (2 Ti 4:10). Siempre nuestro Dios levantará hermanos amados y fieles servidores, con quienes los pastores puedan contar y ellos mismos puedan dar palabras de aliento y fortaleza a la iglesia.

6:23,24 "Paz sea a los hermanos, y amor con fe, de Dios Padre y del Señor Jesucristo. La gracia sea con todos los que aman a nuestro Señor Jesucristo con amor inalterable. Amén".

Fiel a su estilo para despedirse, el Apóstol Pablo expresa el deseo de su corazón, al decirles que la paz de Dios reine entre ellos, de la misma manera en que *"el amor de Dios excede a todo conocimiento"* (Ef 3:19). Debemos recordar que la paz y el amor provienen del Padre, y éstos son elementos del fruto del Espíritu Santo (Ga 5:22), que los cristianos bien cimentados producirán para honra y gloria de su nombre.

Por último, les expresa que *"**la gracia**",* la cual es el favor de Dios para con los creyentes, sea manifiesta en todos aquellos que siguen de verdad al Señor Jesucristo. ***"con amor inalterable"***; Muchos en el camino habían dejado a Pablo y al Señor (2 Ti 4: 9-18); él se mantenía firme en su convicción de honrar a Jesús a pesar de encontrarse encarcelado. El amor que tenía por Jesucristo lo llevaba a obedecerle y servirle con mayor pasión dejando a un lado las complicadas circunstancias que a cualquiera de nosotros pudieran habernos derribado, pero que a él lo hacían cada vez más fuerte.

¡Un ejemplo para todas las edades!

PREGUNTAS DEDUCTIVAS

1.- ¿Por qué es justo obedecer a los padres?
2.- ¿Qué significa la palabra «honrar» en el quinto mandamiento?
3.- Explique la importancia de la amonestación en la educación de los hijos, comente el pasaje paralelo de 1 Samuel 3:13.
4.- ¿Qué preponderancia tiene la educación de los niños en el judaísmo? Compárela con la educación que en el seno de una familia cristiana debe dárseles.
5.- ¿Qué dice la Biblia respecto a los que no castigan a sus hijos en las etapas tempranas de su vida toda vez que sea necesario?
6.- ¿Cuáles son las actitudes que la Escritura ordena se tengan al obedecer a los amos terrenales (hoy, los empleadores)?
7.- ¿Cuáles son las actitudes que los amos deben mostrar para con sus siervos? ¿Qué relación tiene esto con la soberbia?
8.- ¿Quiénes eran los huperetes?
9.- ¿Qué implicaciones tiene la frase «fortaleceos en el Señor y en el poder de su fuerza»?
10.- ¿Qué quiere decir el apóstol Pablo cuando dice que nuestra lucha es espiritual? Explique.
11.- ¿Qué significado tiene el «ceñidos vuestros lomos con la verdad»?
12.- ¿Qué significado tiene la expresión «vestidos con la coraza de justicia»?
13.- Explique la expresión «la espada del Espíritu». Haga un comparativo exacto de los detalles de una espada.
14.- ¿Cuál es el papel de la oración en la lucha que el cristiano libra contra sus enemigos espirituales?
15.- ¿Por qué es importante orar por los siervos de Dios? (vv. 18-20).

PREGUNTAS INDUCTIVAS

1.- ¿Tiene alguna condicionante la orden de obedecer a los padres en Efesios 6:1? ¿Se debería obedecer sin importar el tipo de orden que sea dado?

2.- ¿Por qué la obediencia y la honra que se debe a los padres es algo tan fundamental que está incluido en los diez mandamientos?

3.- Con ayuda de un lexicón, analice el significado de las palabras «en disciplina» (gr. *en paideia*), «amonestación» (gr. *nouthesia*).

4.- ¿Qué significado tiene para usted la orden de Dios de no provocar a ira a los hijos? Mencione ejemplos prácticos.

5.- ¿Qué papel central tiene la instrucción de los hijos en la Palabra de Dios?

6.- ¿Qué opina usted respecto a los padres que dejan a sus hijos en las guarderías? ¿Qué repercusiones tiene no obedecer el mandamiento del Señor respecto a la crianza de los hijos?

7.- Explique cuál es el papel preponderante que tiene la observancia de la regla de oro en las relaciones laborales?

8.- Analice la palabra «artimaña» en el original griego y explique cómo esta palabra se relaciones tan íntimamente con el diablo.

9.- Mencione los cuatro tipos de enemigos espirituales que menciona el apóstol Pablo, y trate de definir cada uno de ellos.

10.- Con ayuda de un lexicón descubra el significado de la palabra griega «*hetoimasia*» en la frase «calzaos vuestros pies con el apresto del evangelio», y en base a esto, dé una explicación de esta expresión.

11.- ¿Cómo exactamente es que la fe sirve para disolver los argumentos del diablo? Haga una explicación bíblica al respecto.

12.- Al mencionar el yelmo de la salvación se hace alusión a los pensamientos. ¿Cuál es el pensamiento que un cristiano muestra y qué relación tiene esto con la salvación (no sólo de él mismo sino de aquellos que tiene a su alrededor)?

13.- ¿Qué relación tiene el bautismo en el Espíritu Santo con todo lo que Pablo menciona en Efesios 6:10-20?

TRABAJOS OPTATIVOS

1.- Investigue cuáles han sido los factores que han producido cambio en los roles de la familia tradicional y sus repercusiones en la desintegración de ésta y el avivamiento de vicios y prácticas reprobadas en la sociedad.

2.- Haga una monografía que exponga el tema de la esclavitud y sus aspectos éticos y políticos en la historia de la humanidad a la luz de las Escrituras (tanto del Antiguo como del Nuevo Testamento).

3.- Examine los eventos que tenemos registrados en el libro de los Hechos respecto al ministerio de Pablo y haga un comparativo de cómo él mismo se vistió de la armadura del cristiano en cada situación.

PALABRA PURA
palabra-pura.com

La editorial Palabra Pura está dedicada a crear materiales de educación cristiana para el estudio personal, la iglesia e institutos bíblicos. Usted puede consultar los recursos que ofrecemos en nuestra página web:

www.Palabra-Pura.com

Gracias por ser parte de nuestra comunidad de lectores y darnos el privilegio de servirle.

¡Dios le bendiga!